VLADÍMIR ILITCH LÊNIN

IMPERIALISMO, ESTÁGIO SUPERIOR DO CAPITALISMO

ENSAIO DE DIVULGAÇÃO AO PÚBLICO

TRADUÇÃO: EDIÇÕES AVANTE! E PAULA VAZ DE ALMEIDA

© Boitempo, 2021
© Edições "Avante!", Lisboa, 1984, para a tradução em língua portuguesa

Direção-geral	Ivana Jinkings
Conselho editorial	Antonio Carlos Mazzeo, Antonio Rago, Fábio Palácio, Ivana Jinkings, Marcos Del Roio, Marly Vianna, Milton Pinheiro, Slavoj Žižek
Edição	Carolina Mercês
Assistência editorial	Pedro Davoglio
Tradução	Edições Avante!
Revisão da tradução	Paula Vaz de Almeida
Preparação	Mariana Echalar
Revisão	Sílvia Balderama Nara
Coordenação de produção	Juliana Brandt
Assistência de produção	Livia Viganó
Capa e aberturas	Maikon Nery
Diagramação	Antonio Kehl

Equipe de apoio Artur Renzo, Camila Nakazone, Débora Rodrigues, Elaine Alves, Elaine Ramos, Frederico Indiani, Heleni Andrade, Higor Alves, Ivam Oliveira, Jéssica Soares, Kim Doria, Luciana Capelli, Marcos Duarte, Marina Valeriano, Marissol Robles, Marlene Baptista, Maurício Barbosa, Raí Alves, Thais Rimkus, Tulio Candiotto

CIP-BRASIL. CATALOGAÇÃO NA PUBLICAÇÃO
SINDICATO NACIONAL DOS EDITORES DE LIVROS, RJ

L585i

Lênin, Vladímir Ilitch, 1870-1924
  Imperialismo, estágio superior do capitalismo : ensaio de divulgação ao público / Vladímir Ilitch Lênin ; [tradução Edições Avante!] ; revisão da tradução Paula Vaz de Almeida. - 1. ed. - São Paulo : Boitempo, 2021.
  (Arsenal Lênin ; 5)

Tradução de: Империализм как высшая стадия капитализма
"Apêndice: capítulo da biografia Memórias de Lênin, por Nadiejda Krúpskaia"
Inclui bibliografia e índice
ISBN 978-65-5717-094-6

1. Imperialismo. 2. Capitalismo. I. Edições Avante! (Firma). II. Almeida, Paula Vaz de. III. Título. IV. Série.

21-72603
CDD: 330.122
CDU: 330.342.14

Camila Donis Hartmann - Bibliotecária - CRB-7/6472

É vedada a reprodução de qualquer parte deste livro sem a expressa autorização da editora.

1ª edição: setembro de 2021; 4ª reimpressão: janeiro de 2025;

BOITEMPO
Jinkings Editores Associados Ltda.
Rua Pereira Leite, 373
05442-000 São Paulo SP
Tel.: (11) 3875-7250 / 3875-7285
editor@boitempoeditorial.com.br | boitempoeditorial.com.br
blogdaboitempo.com.br | youtube.com/tvboitempo

SUMÁRIO

NOTA DA EDIÇÃO, 7

PREFÁCIO À EDIÇÃO BRASILEIRA – *Marcelo Pereira Fernandes*, 9

PREFÁCIO À PRIMEIRA EDIÇÃO, 23

PREFÁCIO ÀS EDIÇÕES FRANCESA E ALEMÃ, 25

IMPERIALISMO, ESTÁGIO SUPERIOR DO CAPITALISMO, 33

I. CONCENTRAÇÃO DA PRODUÇÃO E MONOPÓLIOS, 35

II. OS BANCOS E O SEU NOVO PAPEL, 51

III. CAPITAL FINANCEIRO E OLIGARQUIA FINANCEIRA, 69

IV. A EXPORTAÇÃO DE CAPITAL, 85

V. A PARTILHA DO MUNDO ENTRE AS ASSOCIAÇÕES DE CAPITALISTAS, 91

VI. A PARTILHA DO MUNDO ENTRE AS GRANDES POTÊNCIAS, 101

VII. IMPERIALISMO, ESTÁGIO PARTICULAR DO CAPITALISMO, 113

VIII. O PARASITISMO E A DECOMPOSIÇÃO DO CAPITALISMO, 125

IX. CRÍTICA DO IMPERIALISMO, 135

X. O LUGAR HISTÓRICO DO IMPERIALISMO, 149

REFERÊNCIAS BIBLIOGRÁFICAS, 155

ANEXO DA EDIÇÃO BRASILEIRA – ZURIQUE, 1916 – *Nadiejda Krúpskaia*, 161

ÍNDICE ONOMÁSTICO, 181

CRONOLOGIA, 185

NOTA DA EDIÇÃO

Escrito em 1916, durante a estada de Vladímir Ilitch Lênin em Zurique, quando a Primeira Guerra Mundial ia pela metade de sua duração, *Imperialismo, estágio superior do capitalismo* culminou e sintetizou o debate então existente em torno do imperialismo.

De fato, o tema viera à tona desde os estertores do século XIX, quando o colonialismo imperialista inglês enfrentou conflitos armados na África do Sul e na China, e os Estados Unidos travaram uma guerra contra a Espanha com o objetivo de se apropriar de suas últimas colônias no Caribe e na Ásia. O livro de John A. Hobson, *Imperialismo: um estudo*, de 1902, foi o estopim da discussão. Os congressos da Internacional Socialista enfrentaram timidamente o problema – e nunca de forma conclusiva.

Nos anos 1910, conforme eclodiam guerras coloniais e guerras nacionais, o debate ganhava ímpeto. *O capital financeiro*, obra fundamental para a compreensão do que seria "novo" no capitalismo, foi publicada por Rudolf Hilferding em 1910. Voltado para a evolução econômica da Alemanha, Hilferding observou como o capital bancário tendia a se fundir ou se apropriar do capital industrial, gerando, assim, o capital financeiro. Em 1913, foi publicada a obra *A acumulação do capital*, de Rosa Luxemburgo, que desencadeou uma série de reações entre marxistas. Entre estas estava o escrito de Nikolai Bukhárin, *A economia mundial e o imperialismo*, de 1915, que recebeu elogios por parte de Lênin.

De posse desse material hoje clássico e de muitas outras fontes de pesquisa – com efeito, o material preparatório para o livro (conhecido como "Cadernos sobre o imperialismo") totaliza cerca de cinquenta páginas impressas, com excertos de 148 obras (sendo 106 alemãs, 23 francesas, 17 inglesas e 2 em tradução russa) e de 232 artigos de 49 publicações não periódicas diversas –, Lênin produziu a brilhante análise que agora é apresentada ao leitor. Seu objetivo era expor os fundamentos econômicos do imperialismo, refutando a frequente concepção de que este seria prioritariamente um impulso à expansão territorial, política e militar. Daí a importância das obras aqui citadas, cujo conjunto permitiu que Lênin formasse um "quadro geral da economia mundial capitalista em suas relações internacionais". Este ensaio se diferencia da maior parte de sua obra, quase sempre dedicada à crítica ou ao debate aberto com interlocutores identificados; para ser aprovado pela censura tsarista e circular legalmente na Rússia, o livro teve de se limitar em escopo e linguagem.

Para finalizar, é de máxima importância reafirmar o caráter clássico deste texto leniniano, o qual guarda, portanto, grande atualidade, pois a dominação da oligarquia financeira hoje corrói mais que nunca as condições de vida das classes trabalhadoras.

Quinto volume da coleção Arsenal Lênin, a edição brasileira de *Imperialismo, estágio superior do capitalismo* foi feita com base na tradução das Edições Avante! presente no segundo tomo das *Obras escolhidas em seis tomos* de Vladímir Ilitch Lênin (Lisboa, Progresso, 1984), que, por sua vez, teve como base a versão compilada no 27º tomo da quinta edição soviética das *Obras completas* (Moscou, Izdátelstvo Polítítcheskoi Literatúry, 1969). O volume conta ainda com um capítulo da biografia *Memórias de Lênin*, escrita por Nadiejda Krúpskaia, com tradução e notas de Paula Vaz de Almeida, no qual a revolucionária narra o período em que Lênin escreveu *Imperialismo*, quando os dois moravam em Zurique.

As notas de Lênin e as do autor do prefácio à edição brasileira seguem numeradas no texto, enquanto as demais estão indicadas com asterisco.

Código de notas para os textos de Lênin
N. E. – Nota da edição brasileira
N. E. P. – Nota da edição portuguesa de 1984
N. E. R. – Nota da edição soviética de 1969
N. E. R. A. – Nota da edição soviética de 1969, com adaptações
N. R. T. – Nota da revisão de tradução

PREFÁCIO À EDIÇÃO BRASILEIRA

Marcelo Pereira Fernandes *

> O imperialismo / em toda nudez – / barriga de fora, / de dentadura, / e o mar de sangue / lhe é raso – / devora os países, / levantando as baionetas. [...] Dali / Lênin / com um punhadinho de camaradas / levantou-se sobre o mundo / e nos ergueu / as ideias / mais claras do que qualquer incêndio, / a voz mais alta / do que as canhonadas.
>
> Vladímir Maiakovski, *Vladímir Ilitch Lênin: poema* **

Imperialismo, estágio superior do capitalismo, apresentado nesta edição com tradução impecável diretamente do russo, vem reforçar a coleção Arsenal Lênin da editora Boitempo. Passados mais de cem anos desde a sua primeira publicação, é incalculável o peso que esta obra teve sobre o movimento comunista internacional e os movimentos de libertação nacional que sacudiram o mundo no pós-Segunda Guerra Mundial. Não é por acaso que este se tornou um dos livros políticos mais influentes de todos os tempos. Escrita em 1916, no calor da Primeira Guerra, pelo gênio da revolução, Vladímir Ilitch Lênin, a obra incentivou uma vasta discussão no século XX, convertendo-se numa espécie de guia para quem quisesse entender o capitalismo em seu estágio imperialista.

No rastro das transformações que levaram à debacle do campo socialista no fim dos anos 1980, o imperialismo como área de estudo ficou em segundo plano. Mas não por muito tempo: as invasões do Afeganistão e do Iraque, que inauguraram o novo milênio, recolocaram o tema na ordem

---

* Professor de ciências econômicas e docente do Programa de Pós-Graduação em Economia Regional e Desenvolvimento (PPGER) da Universidade Federal Rural do Rio de Janeiro (UFRRJ). Doutor em economia pela Universidade Federal Fluminense (UFF), membro do Conselho Federal de Economia (Cofecon), do Conselho Regional de Economia do Rio de Janeiro (Corecon-RJ) e do grupo de pesquisa Padrões Históricos do Desenvolvimento Econômico da América do Sul e do Laboratório Interdisciplinar de Estudos em Relações Internacionais. (N. E.)

** Trad. Zoia Prestes, São Paulo, Anita Garibaldi/Fundação Maurício Grabois, 2012. (N. E.)

do dia, e a análise de Lênin se mostrou inescapável. Não é o caso de se fazer um resumo do livro neste prefácio. Isso já foi feito várias vezes. Portanto, escolhemos relembrar algumas questões e polêmicas envolvidas na escrita desta obra e contextualizar o debate mais recente sobre o imperialismo.

O DEBATE NA SEGUNDA INTERNACIONAL

No fim do século XIX, as guerras e o colonialismo estavam na pauta do dia. O próprio Friedrich Engels, em seus últimos escritos, levantara a hipótese de uma guerra mundial[1]. A Segunda Internacional, desde a sua fundação em 1889, mostrou-se fortemente contrária às guerras e ao colonialismo que, naquele momento, atingiam os países atrasados. Em seu quarto congresso, em Londres, no ano de 1896, foi aprovado o direito universal à autodeterminação de todas as nações e a oposição às políticas coloniais. A resistência ao expansionismo das grandes potências tornou-se gradualmente uma das principais bandeiras do movimento internacionalista da classe trabalhadora. No congresso de 1900, em Paris, o colonialismo foi condenado por unanimidade, principalmente por causa da Segunda Guerra dos Bôeres (1899-1902), a qual, com o aprisionamento de mulheres e crianças em campos de concentração na África do Sul, gerou comoção em todo o mundo.

A posição antiguerra e anticolonial foi confirmada nos congressos de Stuttgart (1907), Copenhague (1910) e Basileia (1912). Neste último, aprovou-se um chamamento à luta revolucionária caso a guerra fosse deflagrada[2]. Os líderes do movimento operário pareciam conscientes do perigo que representava aos trabalhadores a eclosão de uma guerra imperialista. A própria noção de que o capitalismo experimentava um novo estágio, que passou a ser descrito como imperialista, e seus riscos para a paz também

---

[1] Na excelente biografia de Engels escrita por Gustav Mayer, há um capítulo sobre isso. Ver Gustav Mayer, *Friedrich Engels: uma biografia* (trad. Pedro Davoglio, São Paulo, Boitempo, 2020).

[2] Edgard Carone, "Os Congressos da II Internacional, Bale, Suíça – 1912", *Revista Princípios*, n. 26, ago.--out. 1992. Disponível em: <https://www.marxists.org/portugues/carone/1992/10/congreso03.htm>; acesso em: 13 ago. 2021.

eram amplamente aceitos, como mostram os estudos de Rudolf Hilferding, Rosa Luxemburgo e outros[3].

No entanto, uma mudança importante ocorreu no congresso de Stuttgart. A maioria dos membros da comissão colonial entendeu que nem todas as políticas coloniais deveriam ser reprovadas. Sob a liderança de Eduard Bernstein e Van Kol, criou-se a noção de que certas políticas levadas a cabo por nações mais avançadas poderiam ter um efeito civilizador. Uma forma de colonialismo "positivo" ou "socialista", supostamente (e surpreendentemente!) humanizado[4]. Nesse debate, vemos a oposição de Karl Kautsky, que se espanta com o termo "política colonial socialista", e coloca-se contra a ideia de que somente os povos europeus seriam capazes de um desenvolvimento independente, como acreditavam os defensores do colonialismo "positivo"[5]. No fim, o colonialismo em todos os seus aspectos foi rejeitado pela maioria dos delegados, sendo aprovada uma resolução contra a barbárie da colonização e compelindo os representantes parlamentares da classe operária a rejeitar os pedidos de orçamento militar. Rosa Luxemburgo, Julius Martóv e Lênin tiveram papel fundamental na redação final da resolução[6].

A Primeira Guerra Mundial representou uma mudança crucial. Assim, conforme Tamás Krausz, a irrupção da guerra demonstrou que "o bernsteinismo amplamente aceito e antimarxista" estava cravado na Segunda

---

[3] György Lukács, *Lênin: um estudo sobre a unidade de seu pensamento* (trad. Rubens Enderle, São Paulo, Boitempo, 2012), p. 60.

[4] José Luís Fiori, "Poder global e nação: o debate da esquerda", em José Luís Fiori (org.), *O poder global* (São Paulo, Boitempo, 2007, coleção Estado de Sítio).

[5] Karl Kautsky, *Socialism and Colonial Policy* (Londres, Athol, 1975). Disponível em: <http://www.marxists.org/archive/kautsky/1907/colonial/index.htm>; acesso em: 12 mar. 2021. O cinismo de Bernstein não passou despercebido para Domenico Losurdo: "É precisamente o dirigente social-democrata que, após teorizar sobre uma superior legalidade substancial a partir da filosofia da história colonialista e da ideia de missão imperial e civilizadora das grandes potências, vai depois exprimir todo o seu horror perante a falta de respeito pelas regras do jogo e a violência da Revolução de Outubro". Ver Domenico Losurdo, *Liberalismo: entre civilização e barbárie* (trad. Bernardo Joffily e Soraya Barbosa da Silva, São Paulo, Anita Garibaldi, 2006), p. 30.

[6] Edgard Carone, "Os Congressos da II Internacional, Stuttgart – 1907", *Revista Princípios*, n. 24, abr. 1992. Disponível em: <https://www.marxists.org/portugues/carone/1992/04/congresso-1907.htm>; acesso em: 13 ago. 2021.

Internacional[7]. Uma mudança na social-democracia havia ocorrido. A guerra, que antes fora denunciada pelos partidos que formavam a organização, obtinha naquele momento amplo apoio de seus representantes parlamentares. O Partido Social-Democrata da Alemanha, assim como a maioria dos partidos socialistas, votaram a favor dos créditos de guerra solicitados por seus respectivos governos.

Lênin denunciou que essa traição ao socialismo significava a falência ideológica e política da Internacional: "*The Second Internacional is dead, overcome by opportunism*" [A Segunda Internacional está morta, foi derrotada pelo oportunismo][8]. Daí que o apelo para transformar a guerra imperialista em uma guerra civil revolucionária era também uma resposta ao oportunismo da Internacional. Lênin já havia percebido esse desvio no movimento revolucionário. Por exemplo, em 1912 Kautsky sugerira que a luta de classes e os conflitos econômicos poderiam ser administrados pela via parlamentar por meio da defesa do desarmamento e pelo avanço na criação de um "Estados Unidos da Europa"[9]. Todavia, no caso de Kautsky, Lênin primeiramente optou por não polemizar. Kautsky trabalhara com Engels e se tornara uma das principais autoridades do marxismo no mundo, além de líder e ideólogo da Segunda Internacional. Tal autoridade seria vantajosa para os bolcheviques em várias questões[10].

O limite para a complacência de Lênin foi a atitude de Kautsky em relação à guerra. O grande nome da social-democracia alemã escreveu, em 11 de setembro de 1914, ou seja, quando os tambores da Primeira Guerra já

---

[7] Tamás Krausz, *Reconstruindo Lênin: uma biografia intelectual* (trad. Baltazar Pereira, Pedro Davoglio e Artur Renzo, São Paulo, Boitempo, 2017), p. 203.

[8] Vladímir Ilitch Lênin, *Collected Works*, v. 21 (Moscou, Progress, 1964), p. 40. Conforme Lukács: "A Internacional é a expressão orgânica da comunidade de interesses do proletariado mundial. No momento em que se reconhece como teoricamente possível que trabalhadores lutem contra trabalhadores a serviço da burguesia, a Internacional deixa de existir na prática" (György Lukács, *Lênin*, cit., p. 75).

[9] Richard B. Day e Daniel Gaido (orgs.), *Discovering Imperialism: Social Democracy to World War I* (Chicago, Haymarket, 2011), p. 64. Mais tarde, em 1915, Lênin se referiu ao *slogan* da seguinte forma: "*From the standpoint of the economic conditions of imperialism – i.e., the export of capital and the division of the world by the 'advanced' and 'civilised' colonial powers – a United States of Europe, under capitalism, is either impossible or reactionary* [Do ponto de vista das condições econômicas do imperialismo – isto é, da exportação de capital e da divisão do mundo pelas potências coloniais 'avançadas' e 'civilizadas' –, um Estados Unidos da Europa, sob o capitalismo, é impossível ou reacionário]".

[10] Tamás Krausz, *Reconstruindo Lênin*, cit.

rufavam, um artigo na revista do Partido Social-Democrata da Alemanha, o *Die Neue Zeit* [Os Novos Tempos], intitulado "Der Imperialismus" [O imperialismo]. O *Die Neue Zeit* era o principal meio de divulgação do marxismo e tinha enorme influência na Segunda Internacional. No artigo, Kautsky sustentava a tese de que as potências imperialistas poderiam formar um cartel que levasse à manutenção da paz. Isso porque, segundo ele, a corrida armamentista e os custos da expansão colonial alcançariam um nível que prejudicaria o próprio processo de acumulação, tornando-se um obstáculo ao desenvolvimento do capitalismo.

Portanto, não haveria a necessidade de os países permanecerem em estado de guerra, visto que isso contribuiria para um único setor da burguesia, o setor armamentista. O domínio dos grandes monopólios sobre as economias das nações imperialistas levaria à renúncia da corrida armamentista, isto é, à redução dos gastos militares em prol da aliança pela paz. Nessa visão, o capitalismo alcançaria um determinado ponto de desenvolvimento e organização que atenuaria suas contradições até que a guerra se tornasse desnecessária. Esse nível de desenvolvimento, em que há uma transferência da cartelização da economia dos países desenvolvidos para a arena internacional, foi denominado por Kautsky "ultraimperialismo"[11]. O imperialismo não significaria uma evolução do modo de produção capitalista, mas uma escolha política – a política preferida do capital financeiro –, contrária às necessidades de desenvolvimento do capitalismo, caso desembocasse em guerras.

Essa visão ingênua de Kautsky sobre o imperialismo, como sublinhou Lukács[12], foi considerada por Lênin um oportunismo, uma adesão à propaganda da burguesia. Em 1915, no prefácio do livro *A economia mundial e o imperialismo*, de Nikolai Bukhárin, Lênin concluía que a teoria kautskiana não era marxista e tinha por objetivo diluir os antagonismos que naquele momento se agudizavam com a guerra[13]. E como se isso não

---

[11] Karl Kautsky, "O imperialismo", em Aloisio Teixeira (org), *Utópicos, heréticos e malditos: os precursores do pensamento social de nossa época* (trad. Ana Paula Ornellas Mauriel et al., Rio de Janeiro, Record, 2002).

[12] György Lukács, *Lênin*, cit.

[13] Vladímir Ilitch Lênin, "Prefácio", em Nikolai Ivánovitch Bukhárin, *A economia mundial e o imperialismo: esboço econômico* (trad. Raul de Carvalho, 2. ed., São Paulo, Nova Cultural, 1986).

bastasse, Lênin considerou que Kautsky, apesar de ter rompido com o Partido Social-Democrata da Alemanha por seu apoio ao governo, teve uma atitude covarde diante da polêmica ao defender a abstenção na votação dos créditos da guerra[14].

UM "ENSAIO DE DIVULGAÇÃO AO PÚBLICO"

É nesse ambiente de grave cisão no movimento operário internacional, precisamente em 1916, quando estava em Zurique, que Lênin conclui *Imperialismo, estágio superior do capitalismo*, com o subtítulo de "ensaio de divulgação ao público". O caderno de rascunhos preparatórios para o ensaio, com centenas de referências de livros e artigos, revela o empenho e o entusiasmo com que Lênin se lançou na empreitada para compreender melhor as raízes econômicas e políticas do imperialismo. Ele desejava que o livro saísse legalmente na Rússia, por isso buscou uma linguagem "servil" e com poucos comentários políticos para que não fosse alvo da censura tsarista[15].

De todo modo, o livro foi publicado somente no ano seguinte, após a tomada do poder pelos bolcheviques. Mas no prefácio às edições francesa e alemã, escrito em julho de 1920, Lênin, já como líder da primeira revolução proletária da história, não poupa a turba que passou a considerar inimiga do socialismo:

> Neste livro, damos especial atenção à crítica do "kautskismo", essa corrente ideológica internacional que em todos os países do mundo era representada pelos "teóricos mais eminentes", chefes da Segunda Internacional (Otto Bauer e cia. na Áustria, Ramsay MacDonald e outros na Inglaterra, Albert Thomas na França etc. etc.) e um número infinito de socialistas, reformistas, pacifistas, democratas burgueses e clérigos.[16]

---

[14] Idem, *Collected Works*, v. 21, cit.; Luiz Alberto Moniz Bandeira, *Lênin: vida e obra* (4. ed., Rio de Janeiro, Civilização Brasileira, 2017).

[15] Franco Andreucci, "A questão colonial e imperialismo", em Eric Hobsbawm (org.), *História do marxismo: o marxismo na época da Segunda Internacional* (trad. Carlos Nelson Coutinho e Luiz Sérgio N. Henriques, Rio de Janeiro, Paz e Terra, 1984).

[16] Ver, neste volume, p. 29.

O livro possui dez capítulos relativamente curtos, nos quais vão sendo destrinchados aspectos do funcionamento do capitalismo em seu novo estágio. Aqui não cabe uma análise detalhada das questões levantadas em cada um; apenas alguns pontos que considero indispensáveis serão tratados.

Em primeiro lugar, para Lênin, o imperialismo é um estágio específico do modo de produção capitalista, resultado de uma mudança substancial na sua estrutura organizacional; o estágio do capitalismo monopolista. Iniciado no último quartel do século XIX, o imperialismo se apresenta como consequência das tendências intrínsecas do processo de acumulação de capital – em que prevalecem a sua concentração e centralização – e das contradições que surgem da luta de classes no capitalismo, como analisou Marx. Portanto, o imperialismo é algo novo, não se confunde com os impérios antigos. No capítulo VII, Lênin apresenta sua definição: "Se fosse indispensável dar uma definição o mais breve possível do imperialismo, seria preciso dizer que o imperialismo é o estágio monopolista do capitalismo"[17]. Nesse estágio específico, seguindo o rastro de Hilferding, Lênin reconhece o capital financeiro como a força central do imperialismo. É justamente na esfera financeira que ocorre uma mudança de qualidade no sistema: ao contrário do estágio anterior, em que prevalecia o capital industrial, o impulso econômico do imperialismo está no capital financeiro.

Em segundo lugar, no estágio imperialista, a exportação de capital ganha proeminência. A característica do "velho" capitalismo, em que predominava a livre concorrência, é a exportação de mercadorias. O "novo" capitalismo, em que imperam os monopólios, é caracterizado pela exportação de capital. A exportação de capital acentua a internacionalização econômica e, com isso, a competição entre os Estados-nação.

Em terceiro lugar, a questão da possibilidade de organização do capitalismo que evitasse a eclosão de guerras. Essa é uma das principais questões do livro. Além do prefácio da obra de Bukhárin que mencionei anteriormente, Lênin já havia discutido isso em outras oportunidades[18]. Em oposição a Kautsky, ele

---

[17] Ver, neste volume, p. 113.
[18] Podemos citar, por exemplo, "A Caricature of Marxism and Imperialist Economism", em *Collected Works*, v. 23 (Moscou, Progress, 1964), p. 28-76; "The Socialist Revolution and the Right of Nations

demonstra que os conflitos internacionais são inerentes ao funcionamento do capitalismo, embora em algumas situações possa predominar a cooperação. A exportação de capital tende a promover o crescimento econômico nos países receptores. Assim, a estabilidade do sistema é impossível, pois o desenvolvimento desigual provoca mudanças na correlação de forças entre as nações, com a tendência de erosão do poder do centro em relação a novos núcleos de poder com maior dinamismo econômico. Nesse caso, diferentemente do que se convencionou entender com base na chamada teoria da dependência, existe a tendência estrutural de que os países mais desenvolvidos tenham uma taxa de crescimento econômico menor em relação aos países menos desenvolvidos, no próprio centro capitalista ou na periferia do sistema[19].

A expansão do capital não requer necessariamente a conflagração de guerras, porém estas não podem ser descartadas, de tal modo que as atividades ligadas ao setor armamentista adquirem uma posição privilegiada nas economias nacionais. A existência de inimigos externos – mesmo inventados – que justifiquem as encomendas militares faz parte do jogo das grandes potências. Além disso, o clima de belicismo permanente beneficia também setores da economia que não estão ligados diretamente à indústria bélica, algo a que Kautsky parece não ter dado tanta importância.

Em quarto lugar, vale lembrar que a contribuição teórica de Lênin para o estudo do desenvolvimento do capitalismo no mundo já se encontrava em dois textos, "O chamado problema dos mercados", de 1893, e "Para caracterizar o romantismo econômico", de 1897, além da obra clássica "O desenvolvimento do capitalismo na Rússia", de 1899[20]. Nesses trabalhos, Lênin, ainda jovem, explica que o capital é progressivo e que o objetivo final dos investimentos é a valorização do capital, e não o consumo que está subordinado ao processo de acumulação. A busca por mercados externos não é

---

to Self-Determination", em *Collected Works*, v. 22 (Moscou, Progress, 1964), p. 143-56; e "Imperialism and Split in Socialismo", em *Collected Works*, v. 23, cit., p. 28-76.

[19] Luis Fernandes, "Transição global e ruptura institucional: a geopolítica do neologismo no Brasil e na América Latina", *Revista Princípios*, n. 143, 2016, p. 30-40.

[20] John Weeks, "Imperialismo e mercado mundial", em Tom Bottomore (org.), *Dicionário do pensamento marxista* (trad. Waltensir Dutra, Rio de Janeiro, Zahar, 1988).

decorrência das dificuldades de realização do mais-valor, como defendiam Rosa Luxemburgo e os populistas russos[21]. O imperialismo também não é uma consequência da queda da taxa de lucro. O capital é progressivo: não precisa "esperar" pela queda da taxa de lucro para buscar mercados externos nem qualquer outra contratendência que se queira considerar. Não há limite estrutural que leve à estagnação da economia. Sendo progressivo, os limites do capital só se encontram em si mesmo[22].

Por fim, um dos principais elementos que contribuiu para que o livro obtivesse um sucesso incomparável com outras obras lançadas na época sobre o mesmo tema está relacionado à ênfase de Lênin na questão da opressão nacional. Diz ele: "Intensifica-se também particularmente a opressão nacional e a tendência a anexações, ou seja, à violação da independência nacional"[23]. Além da luta de classes, o movimento revolucionário deveria atentar para a luta pela descolonização. Lênin, que enfrentou o tsarismo russo, o governo mais reacionário da Europa, encontrou na opressão nacional um fator potencial para a revolução proletária, vinculando a luta de classes à luta anti-imperialista de libertação nacional. Não foi por acaso que grande parte dos movimentos de independência nacional se identificou com o comunismo e com a luta anti-imperialista, especialmente após 1945, quando ocorreu o desmantelamento dos antigos impérios coloniais[24]. É sempre bom lembrar que a revolução chinesa de 1949, a maior revolução anticolonial da história, foi liderada por um partido comunista fortemente influenciado pelas ideias de Lênin.

---

[21] Marcelo Pereira Fernandes, "O capitalismo como sistema expansivo: a controvérsia entre Lênin e os populistas", *Oikos*, v. 16, 2017, p. 6-14.

[22] Nesse ponto, Lênin é totalmente fiel a Marx. Vale citar a seguinte passagem do Livro III de *O capital*: "O *verdadeiro obstáculo* à produção capitalista é *o próprio capital*, isto é, o fato de que o capital e sua autovalorização aparecem como ponto de partida e ponto de chegada, como mola propulsora e escopo da produção". Ver Karl Marx, *O capital: crítica da economia política*, Livro III: *O processo global da produção capitalista* (trad. Rubens Enderle, São Paulo, Boitempo, 2017), p. 289.

[23] Ver, neste volume, p. 147.

[24] Diego Pautasso, Marcelo Pereira Fernandes e Gaio Doria, "Marxismo e a questão nacional: Losurdo e a dialética nacional-internacional", em João Quartim de Moraes (org.), *Losurdo: presença e permanência* (São Paulo, Anita Garibaldi, 2020).

O IMPERIALISMO NOS TEMPOS DA "GLOBALIZAÇÃO"

No começo dos anos 1990, o estudo sobre o imperialismo quase se converteu em matéria exótica nos meios acadêmicos e políticos. O discurso neoliberal de um mundo sem fronteiras, em que os mercados fossem livres da ação dos governos, tornou-se hegemônico. Nos círculos liberais, proclamava-se o fim da história. Após o 11 de Setembro, as discussões sobre o imperialismo ganharam destaque novamente, principalmente com as intervenções militares inaugurando o milênio, como as que ocorreram no Afeganistão (2001) e no Iraque (2003). Nesse sentido, existem algumas correntes dentro do campo marxista que vêm buscando atualizar a discussão. Destaco uma que considera o imperialismo um conceito ultrapassado. Ainda que sob uma perspectiva diferente da liberal, essa corrente marxista entende que os Estados nacionais, diante do peso avassalador do mercado, não teriam importância na dinâmica do capitalismo atual. Revisitando as teorias marxistas do imperialismo, argumentam que o capitalismo passou por transformações profundas nas últimas décadas, e que agora estaria dominado por empresas transnacionais que já não possuiriam vínculo com seus Estados de origem. O capitalismo teria alcançado um grau de organização política e econômica que impediria a existência de conflitos entre os Estados. Como a competição interestatal estaria superada, a ideia de imperialismo estaria também obsoleta. Entre os autores que representam bem essa visão estão Michael Hardt, Antonio Negri, William Robinson e Jerry Harris.

Michael Hardt e Antonio Negri, em um estudo bastante famoso intitulado *Império*, publicado em 2000, que curiosamente chegou a ser apelidado de "manifesto antiglobalização"[25], defendem a ideia de que o imperialismo já não existiria e nenhum país conseguiria ocupar o papel de liderança que as nações europeias ocuparam no passado. Atualmente, o poder estaria descentralizado e sem território determinado. E no lugar do imperialismo, teria surgido o "Império", definido como um poder global, constituindo um mercado global sem fronteiras e acima dos Estados-nação.

---

[25] Michael Hardt e Antonio Negri, *Império* (trad. Berilo Vargas, 3. ed., Rio de Janeiro, Record, 2001).

William Robinson e Jerry Harris[26], em vários trabalhos publicados, concordam que atualmente o conceito de imperialismo não é mais válido. Para eles, as relações de classe do capitalismo global estariam agora profundamente internalizadas em cada Estado-nação, de tal modo que a representação clássica do imperialismo como uma relação de dominação externa estaria ultrapassada. Aqui entra a noção de Estado transnacional, o resultado da ascensão de aparatos estatais transnacionais, como o Fundo Monetário Internacional (FMI), a Organização Mundial do Comércio (OMC), o Grupo dos 7 (G7), entre outros, sugerindo a formação de um concerto entre as principais nações para que a reprodução do capital ocorresse de maneira pacífica em todo o mundo, sem a necessidade de guerras, assim como acreditava Kautsky. Os autores negam a associação com a teoria kautskiana do ultraimperialismo, embora, obviamente, a referência faça sentido.

Entre aqueles que consideram que o imperialismo não seria mais um conceito válido, há mais uma premissa em comum: o mundo não estaria mais dividido em países exploradores e países explorados, pois já não existem praticamente colônias e a importância dos Estados no processo de acumulação atualmente seria reduzida. Na "globalização", o mundo estaria unificado e a existência de impérios formais não se aplicaria mais, pois seria algo essencialmente do início do século XX.

Mesmo colocando em dúvida a validade do conceito para os dias atuais, o debate recente mostra a importância do tema. Qualquer teoria que deixou de ser discutida é porque se tornou irrelevante. Esse não é o caso do imperialismo, que permanece amplamente alvo de debates. Embora seja necessário avaliar quais questões devem ser atualizadas na teoria do imperialismo, o conceito continua válido, na medida em que as estruturas fundamentais do sistema internacional analisadas por Lênin continuam de pé. De fato, há também uma lista considerável de autores que fazem a crítica na tradição leninista de imperialismo, como Alexander Marshall, Cheng Enfu,

---

[26] William Robinson e Jerry Harris, "Towards a Global Ruling Class? Globalization and the Transnational Capitalist Class", *Science & Society*, v. 64, n. 1, 2000, p. 11-54; William Robinson, "Beyond the Theory of Imperialism: Global Capitalism and the Transnational State", *Societies without Borders*, v. 2, n. 1, 2007, p. 5-26.

Lu Baolin, Spyros Sakellaropoulos e Panagiotis Sotiris[27]. Em geral, esses autores destacam que, apesar de praticamente não haver mais colônias, os Estados nacionais, a lei do desenvolvimento desigual, a luta de classes e todas as contradições advindas da exportação de capital permanecem presentes, ainda que sob novas formas. O gigantismo alcançado pelas finanças, também chamado de financeirização, é uma dessas novas formas. Outro exemplo: o papel sem precedentes que o dólar estadunidense representa hoje no sistema monetário e financeiro internacional. A vantagem que o padrão "dólar flexível"[28] traz aos Estados Unidos é enorme e, especificamente durante o governo Trump, foi usado como forma de sanção econômica contra adversários, como a Venezuela, que ficou impedida de realizar transações em dólar. Isso vem gerando desconfortos no sistema internacional, tanto que China e Rússia vêm buscando formas alternativas de pagamentos. Que consequências geopolíticas e econômicas uma mudança no sistema monetário internacional trará é uma pergunta ainda em aberto.

Por fim, a famosa controvérsia entre Lênin e Kautsky no começo do século XX sobre a possibilidade de o capitalismo ser gerido de forma pacífica pelas grandes potências e corporações privadas ainda persiste em grande parte do debate atual, mesmo que de forma implícita. Nesse caso, é preciso dizer o seguinte: desde a Segunda Guerra Mundial não houve conflitos militares abertos entre as grandes potências imperialistas, e realmente eles já não são possíveis, dado o grau de destruição que acarretariam. Porém, as guerras continuam ocorrendo em várias partes do mundo e, pelo menos de forma indireta, as potências continuam envolvidas e em disputa. Basta lembrar os casos mais recentes das guerras travadas na Síria e na Líbia e seus impactos

---

[27] Ver Alexander Marshall, "Lenin's Imperialism Nearly 100 Years On: An Outdated Paradigm?", *Journal of Socialist Theory*, v. 42, n. 3, 2014, p. 317-33; Cheng Enfu e Lu Baolin, "Five Characteristics of Neo-imperialism", *Monthly Review*, v. 73, n. 1, 2021; Spyros Sakellaropoulos, "The Issue of Globalization through the Theory of Imperialism and the Periodization of Modes of Production", *Critical Sociology*, v. 35, n. 1, 2009, p. 57-78; Spyros Sakellaropoulos e Sotiris Panagiotis, "From Territorial to Nonterritorial Capitalist Imperialism: Lenin and the Possibility of a Marxist Theory of Imperialism", *Rethinking Marxism*, v. 27, n. 1, 2015, p. 85-106.

[28] Franklin Serrano, "Relações de poder e política macroeconômica americana, de Bretton Woods ao padrão dólar flexível", em José Luis Fiori (org), *O poder americano* (Petrópolis, Vozes, 2004).

no Oriente Médio. Por sua vez, os gastos militares não se reduziram, como a perspectiva kautskiana supunha, e ainda continuam como despesa crucial no orçamento do mundo desenvolvido, assim como o seu comércio[29]. Existem também as chamadas guerras híbridas, utilizadas para desestabilizar governos, como no caso recente da Ucrânia. O enfrentamento da crise sanitária da covid-19, que atinge o mundo desde março de 2020, é mais uma demonstração das tensões geopolíticas que pairam sobre o sistema. Em vez de um plano mundial visando a uma saída comum que impedisse a propagação do vírus e reduzisse os efeitos negativos da pandemia na atividade econômica, cada país buscou as próprias soluções, mesmo às expensas dos demais.

Já se passaram mais de cem anos desde que *Imperialismo, estágio superior do capitalismo* foi publicado e, para desgraça dos donos do capital, o livro permanece referência obrigatória para quem estuda o tema. Mas não apenas. Partidos políticos, sindicatos e organizações de esquerda de todos os tipos também recorrem a ele. Desvendar o que cada período histórico tem de peculiar é da responsabilidade daqueles que acreditam na superação do capitalismo. O livro que o leitor tem agora em mãos continua a ser um instrumento imprescindível para essa tarefa. Boa leitura!

Rio de Janeiro, agosto de 2021

---

[29] Marcelo Pereira Fernandes, "Imperialism and the Question of System Stability", *Contexto Internacional*, v. 40, 2018.

PREFÁCIO À PRIMEIRA EDIÇÃO*

O panfleto que apresentamos ao leitor foi escrito por mim em Zurique, durante a primavera de 1916. Dadas as condições de trabalho ali disponíveis, tive de lidar, evidentemente, com certa insuficiência de literatura em francês e inglês e com uma carência muito grande de literatura em russo. Mas, ainda assim, a principal obra inglesa sobre o imperialismo, o livro de J. A. Hobson, eu a utilizei com a devida atenção que, na minha opinião, esse trabalho merece.

O panfleto foi escrito para a censura tsarista. Por isso, não só fui obrigado a me limitar de maneira mais rigorosa a uma análise exclusivamente teórica – sobretudo econômica –, mas ainda tive de formular as indispensáveis e pouco numerosas observações relativas à política com a maior prudência, valendo-me de alusões e da linguagem esópica – essa maldita linguagem esópica que o tsarismo obrigava todos os revolucionários a utilizar quando pegavam na pena com vistas a uma publicação "legal".

---

* O livro *Imperialismo, estágio superior do capitalismo* foi escrito por Lênin entre janeiro e junho de 1916, em Zurique. Lênin assinalou os novos fenômenos no desenvolvimento do capitalismo muito antes do início da Primeira Guerra Mundial, ocupando-se do estudo aprofundado da fase monopolista de desenvolvimento do capitalismo desde o início dessa guerra. Isso era exigido pelos interesses da luta revolucionária da classe operária da Rússia e de outros países capitalistas. Para a correta direção do movimento operário e para o êxito da luta contra a ideologia da reação imperialista, contra a política reformista de conciliação com os imperialistas, era necessário o "entendimento de um problema econômico fundamental, sem cujo estudo não se pode compreender nada para uma avaliação da guerra e da política atuais, a saber: a questão da essência econômica do imperialismo" (ver, na presente edição, p. 24). Lênin entregou-se inteiramente ao estudo da literatura sobre o imperialismo provavelmente a partir de meados de 1915, em Berna (Suíça). Começou então a estabelecer a bibliografia, a elaborar planos, a tirar notas, a escrever resumos. Os materiais preparatórios ("Cadernos sobre o imperialismo") constituem cerca de 50 folhas impressas, contendo excertos de 148 livros (incluindo 106 alemães, 23 franceses, 17 ingleses e 2 em tradução russa) e de 232 artigos presentes em 49 publicações não periódicas diversas. O livro veio a público em meados de 1917 com o título *Imperialismo, estágio superior do capitalismo (Ensaio de divulgação ao público)*, com um prefácio de Lênin datado de 26 de abril de 1917. (N. E. P.)

É difícil reler agora, em dias de liberdade, as passagens do panfleto deformadas pela ideia da censura tsarista, comprimidas, apertadas num torno de ferro. Para dizer que o imperialismo é a véspera da revolução socialista, que o social-chauvinismo (socialismo nas palavras, chauvinismo na prática) é uma completa traição ao socialismo, a completa passagem para o lado da burguesia, que essa cisão do movimento operário está relacionada com as condições objetivas do imperialismo etc., tive de usar uma linguagem "servil", e por isso devo remeter o leitor que se interesse pela questão aos meus artigos que saíram no estrangeiro entre 1914 e 1917, os quais serão em breve reeditados. Vale a pena assinalar, em particular, uma passagem nas p. 119-20*: para fazer compreender ao leitor, de maneira que fosse aceita pela censura, a forma indecorosa como mentem sobre as anexações os capitalistas e os sociais-chauvinistas que passaram para o lado deles (os quais Kautsky combate com tanta inconsequência), o descaramento com que *encobrem* as anexações dos *seus* capitalistas, fui obrigado a citar o exemplo... do Japão! O leitor atento substituirá facilmente o Japão pela Rússia, e a Coreia pela Finlândia, Polônia, Curlândia, Ucrânia, Khiva, Bucara, Estlândia e outros territórios não povoados por grão-russos.

Gostaria de ter esperança de que meu panfleto ajudará no entendimento de um problema econômico fundamental, sem cujo estudo não se pode compreender nada para uma avaliação da guerra e da política atuais, a saber: a questão da essência econômica do imperialismo.

O autor
Petrogrado, 26 de abril de 1917

---

* Ver, neste volume, p. 148. (N. E.)

PREFÁCIO ÀS EDIÇÕES FRANCESA E ALEMÃ*

I

Este pequeno livro, como foi dito no prefácio à edição russa, foi escrito em 1916 para a censura tsarista. Atualmente, é impossível para mim refazer todo o texto, e isso seria, talvez, inútil, pois a principal tarefa do livro foi e permanece sendo mostrar, por meio de dados consolidados da irrefutável estatística burguesa, admitidos por estudiosos burgueses de todos os países, qual era o *quadro geral* da economia mundial capitalista em suas relações internacionais, em princípios do século XX, às vésperas da primeira guerra imperialista mundial.

Em parte, será até útil para muitos comunistas dos países capitalistas avançados persuadirem-se, com o exemplo deste livro, *legal do ponto de vista da censura tsarista*, de que é possível – e necessário – aproveitar mesmo os resquícios de legalidade que ainda lhes restam, digamos, nos Estados Unidos contemporâneos ou na França, depois das recentes prisões quase universais de comunistas, para esclarecer toda a falsidade das concepções social-pacifistas e das suas esperanças numa "democracia mundial". E os complementos mais indispensáveis a este livro sob censura, tentarei oferecê-los no presente prefácio.

---

* Este prefácio foi publicado pela primeira vez em outubro de 1921 sob o título "Imperialismo e capitalismo", no número 18 da revista *Internacional Comunista*. Durante a vida de Lênin, foram publicadas edições do livro *Imperialismo, estágio superior do capitalismo* em alemão, em 1921, e em francês e inglês (incompletas), em 1923. (N. E. R.)

II

No livro, prova-se que a guerra de 1914-1918 foi, de ambos os lados, uma guerra imperialista (ou seja, uma guerra de conquista, de pilhagem, de rapina), uma guerra pela divisão do mundo, pela partilha e redistribuição das colônias, das "esferas de influência", do capital financeiro etc.

Isso porque a prova do verdadeiro caráter social ou, melhor dizendo, do verdadeiro caráter de classe de uma guerra consiste, evidentemente, não em sua história diplomática, mas na análise da situação *objetiva* das *classes* dirigentes de *todas* as potências beligerantes. Para descrever essa situação objetiva, não se trata de tomar exemplos e dados isolados (dada a infinita complexidade dos fenômenos da vida social, é possível encontrar sempre certa quantidade de exemplos ou dados isolados a fim de confirmar qualquer situação), mas, necessariamente, o *conjunto* dos dados sobre os *fundamentos* da vida econômica de *todas* as potências beligerantes e de *todo* o mundo.

São precisamente tais dados consolidados, os quais não podem ser refutados, que apresento para um quadro *da partilha do mundo* em 1876 e em 1914 (cap. VI) e da partilha das *ferrovias* de todo o mundo em 1890 e em 1913 (cap. VII). As ferrovias são o resultado dos ramos mais importantes da indústria capitalista, da indústria carbonífera e siderúrgica; o resultado e o indicador mais evidente do desenvolvimento do comércio mundial e da civilização democrático-burguesa. Nos capítulos antecedentes, mostramos a conexão das ferrovias com a grande produção, com os monopólios, os sindicatos patronais, os cartéis, os trustes, os bancos, a oligarquia financeira. A distribuição da rede ferroviária, sua desigualdade, a desigualdade do seu desenvolvimento são resultado do capitalismo monopolista moderno em escala mundial. E esse resultado mostra que, com *tal* base econômica, as guerras imperialistas são absolutamente inevitáveis *enquanto* subsistir a propriedade privada dos meios de produção.

A construção de ferrovias parece um empreendimento simples, natural, democrático, cultural, civilizador: é assim aos olhos dos professores burgueses, que são pagos para embelezar a escravidão capitalista, e aos olhos dos pequeno-burgueses. Na realidade, os fios capitalistas, milhares de redes mediante as quais esses empreendimentos estão conectados à propriedade privada dos meios de produção em geral, converteram essa construção em instrumento de opressão de bilhões de pessoas (nas colônias e semicolônias), ou seja, mais de metade da população da Terra nos países dependentes e os escravos assalariados do capital nos países "civilizados".

A propriedade privada baseada no trabalho do pequeno proprietário, a livre concorrência, a democracia, todas essas palavras de ordem por meio das quais os capitalistas e a sua imprensa enganam os operários e os camponeses, pertencem a um passado distante. O capitalismo transformou-se num sistema mundial de opressão colonial e sufocamento financeiro da imensa maioria da população do planeta por um punhado de países "avançados". E a partilha desse "espólio" efetua-se entre dois ou três predadores mundialmente poderosos, armados até os dentes (Estados Unidos, Inglaterra, Japão), que arrastam toda a Terra para a *sua* guerra pela partilha do *seu* espólio.

III

A paz de Brest-Litovsk*, ditada pela Alemanha monárquica, e depois a muito mais brutal e infame paz de Versalhes**, ditada pelas repúblicas "democráticas" dos Estados Unidos e da França, assim como pela "livre" Inglaterra, prestaram um serviço extremamente útil à humanidade ao denunciar os *coolies* mercenários do imperialismo, do mesmo modo que os pequeno-burgueses

---

* Tratado de paz entre a Rússia soviética e os países do bloco alemão (Alemanha, Áustria-Hungria, Bulgária e Turquia), assinado em 3 de março de 1918, segundo o qual deveriam ficar sob controle da Alemanha e da Áustria-Hungria a Polônia, a quase totalidade da região do Báltico e uma parte da Bielorrússia; a Ucrânia separava-se da Rússia soviética e tornava-se um Estado dependente da Alemanha. Uma parte de território iria para a Turquia. Em agosto de 1918, a Alemanha impôs à Rússia soviética um tratado adicional e um acordo financeiro, nos quais eram apresentadas novas exigências. Depois da revolução de novembro de 1918 na Alemanha, que derrubou o regime monárquico, o Comitê Executivo Central declarou anulado o Tratado de Brest-Litovsk. (N. E. R. A.)

** O Tratado de Paz de Versalhes, que pôs fim à Primeira Guerra Mundial, foi assinado em 28 de junho de 1919 por Estados Unidos, Império Britânico, França, Itália, Japão e as potências a eles aliadas, por um lado, e a Alemanha, por outro. O tratado tinha por objetivo consolidar a divisão do mundo capitalista a favor das potências vitoriosas e criar um sistema de relações entre os países dirigido para o estrangulamento da Rússia soviética e a derrota do movimento revolucionário em todo o mundo. (N. E. R. A.)

reacionários que, embora dizendo-se pacifistas e socialistas, entoavam louvores ao "wilsonismo"* e procuravam mostrar que a paz e as reformas são possíveis sob o imperialismo.

Dezenas de milhões de cadáveres e mutilados, vítimas da guerra, uma guerra por meio da qual o grupo inglês ou o grupo alemão de saqueadores financeiros devia receber uma parte maior do espólio, e depois esses dois "tratados de paz", abrem os olhos, com uma velocidade nunca antes vista, de milhões e dezenas de milhões de pessoas tiranizadas, oprimidas, iludidas e enganadas pela burguesia. Em consequência da ruína mundial, fruto da guerra, cresce, dessa maneira, a crise revolucionária mundial, que, por mais longas e duras que sejam as vicissitudes que atravesse, não poderá terminar senão com a revolução proletária e a sua vitória.

O *Manifesto de Basileia* da Segunda Internacional, que ofereceu em 1912 uma caracterização justa da guerra que teria início em 1914, e não da guerra em geral (as guerras se dão de distintas maneiras, ocorrem também guerras revolucionárias), conservou-se como um monumento que denuncia toda a vergonhosa falência, toda a apostasia dos heróis da Segunda Internacional.

Por isso, incluo esse *Manifesto* como apêndice da presente edição**, chamando mais uma vez a atenção do leitor para o fato de que os protagonistas da Segunda Internacional se desviam de maneira cuidadosa de todas as passagens do *Manifesto* em que se fala de maneira direta, precisa e clara

---

* Termo derivado do nome de Woodrow Wilson, presidente dos Estados Unidos de 1913 a 1921. No primeiro ano da sua presidência, Wilson introduziu uma série de leis a que demagogicamente chamou de "Nova Liberdade". A política externa de pilhagem do imperialismo norte-americano era mascarada por Wilson e seus partidários com palavras de ordem e frases hipócritas sobre a "democracia" e a "união dos povos". Desde os primeiros dias do poder soviético, Wilson foi um dos inspiradores e organizadores da intervenção contra a Rússia soviética. A fim de contrariar a profunda influência exercida sobre as massas populares de todos os países pela política de paz do governo soviético, Wilson apresentou "um programa de paz" demagógico, formulado em "catorze pontos", que deveria servir de disfarce à política agressiva dos Estados Unidos. A propaganda norte-americana e a imprensa burguesa europeia deram a Wilson uma falsa aura de combatente pela paz. Contudo, a hipocrisia das frases pequeno-burguesas de Wilson e dos "wilsonistas" foi rapidamente desmascarada pela reacionária política antioperária no interior do país e pela política externa agressiva dos Estados Unidos. (N. E. R.)

** Cf. *Außerordentlicher Internationaler Sozialisten-Kongreß zu Basel am 24. und 25. November 1912* (Berlim, Buchhandlung Vorwärts Paul Singer, 1912). Nesta edição, não se inclui o *Manifesto de Basileia*. (N. E.)

da conexão entre essa guerra que se avizinhava e a revolução proletária, esquivando-se com o mesmo cuidado que um ladrão se esquiva do local onde cometeu o crime.

IV

Neste livro, damos especial atenção à crítica do "kautskismo", essa corrente ideológica internacional que em todos os países do mundo era representada pelos "teóricos mais eminentes", chefes da Segunda Internacional (Otto Bauer e cia. na Áustria, Ramsay MacDonald e outros na Inglaterra, Albert Thomas na França etc. etc.) e um número infinito de socialistas, reformistas, pacifistas, democratas burgueses e clérigos.

Essa corrente ideológica é, por um lado, o produto do apodrecimento, da putrefação da Segunda Internacional e, por outro, o fruto inevitável da ideologia dos pequenos burgueses, cujo ambiente os mantém prisioneiros dos preconceitos burgueses e democráticos.

Kautsky e seus pares têm concepções semelhantes de completa renúncia dos fundamentos revolucionários do marxismo, os quais esse autor defendeu por décadas, especialmente, entre outras coisas, na luta contra o oportunismo socialista (de Bernstein, Millerand, Hyndman, Gompers etc.). Por isso, não é obra do acaso que os "kautskistas" de todo o mundo tenham se unido agora, no terreno da política prática, aos oportunistas extremos (por meio da Segunda Internacional, ou Internacional amarela)* e aos governos burgueses (por meio dos governos de coligação burgueses com participação de socialistas).

O movimento proletário revolucionário em geral e o movimento comunista em particular, que crescem em todo o mundo, não podem se furtar à análise e à denúncia dos erros teóricos do "kautskismo". Isso é tanto

---

* Lênin refere-se à Segunda Internacional (de Berna), fundada na conferência dos partidos socialistas realizada em Berna, em fevereiro de 1919, pelos dirigentes dos partidos socialistas da Europa Ocidental em substituição à Segunda Internacional, que deixara de existir desde o início da Primeira Guerra Mundial. A Internacional de Berna desempenhou de fato o papel de serviçal da burguesia internacional. "É uma autêntica internacional amarela", assim se referiu Lênin a ela no artigo "A III Internacional e o seu lugar na história". (N. E. R.)

mais necessário quanto o pacifismo e a "democracia" em geral – que não têm a mínima pretensão de marxismo, mas que, exatamente como Kautsky e cia., dissimulam a profundidade das contradições do imperialismo e a inevitabilidade da crise revolucionária que este engendra – são correntes que ainda se encontram extraordinariamente espalhadas em todo o mundo. A luta contra essas tendências é obrigatória para o partido do proletariado, que deve arrancar da burguesia os pequenos proprietários que ela engana e os milhões de trabalhadores cujas condições de vida são mais ou menos pequeno-burguesas.

V

É fundamental dizer algumas palavras sobre o capítulo VIII: "O parasitismo e a decomposição do capitalismo". Como já dissemos no livro, Hilferding, ex-"marxista", atualmente companheiro de armas de Kautsky e um dos principais representantes da política burguesa, reformista, no "Partido Social-Democrata Independente da Alemanha"*, deu um passo atrás nessa questão, em comparação com o inglês Hobson, pacifista e reformista *declarado*. A cisão internacional de todo o movimento operário mostra-se agora com inteira nitidez (Segunda e Terceira Internacionais). A luta armada e a guerra civil entre as duas tendências é também um fato evidente: na Rússia, o apoio a Koltchak e Deníkin pelos mencheviques e pelos "socialistas revolucionários" contra os bolcheviques; na Alemanha, os scheidemanovistas, Noske e cia. ao lado da burguesia contra os spartakistas**; e o mesmo na

---

* Partido centrista fundado em abril de 1917. Em outubro de 1920, no congresso do partido realizado em Halle, verificou-se uma cisão; em dezembro de 1920, uma parte significativa do partido uniu-se com o Partido Comunista da Alemanha, e a direita constituiu um partido separado com o antigo nome de Partido Social-Democrata Independente da Alemanha, que existiu até 1922. Os "independentes", mascarando-se com uma fraseologia centrista, pregavam a "unidade" com os sociais-chauvinistas e inclinavam-se a renunciar à luta de classes. (N. E. R. A.)

** Organização revolucionária dos sociais-democratas de esquerda alemães, fundada no princípio da Primeira Guerra Mundial por Karl Liebknecht, Rosa Luxemburgo, Franz Mehring, Clara Zetkin, Julian Marchlevski, Leo Jogiches (Tyszka) e Wilhelm Pieck. Em abril de 1915, Rosa Luxemburgo e Franz Mehring fundaram a revista *Die Internationale* [A Internacional], em torno da qual se uniu o grupo

Finlândia, na Polônia, na Hungria etc. Qual é então a base econômica desse fenômeno histórico universal?

Justamente o parasitismo e a decomposição do capitalismo, que são peculiares ao seu estágio histórico superior, ou seja, ao imperialismo. Como demonstrado neste livro, o capitalismo deu agora uma situação privilegiada a *um punhado* (menos de um décimo da população da Terra; em um cálculo "generoso" e exagerado, menos de um quinto) de Estados particularmente ricos e poderosos que, com um simples "corte de cupons", saqueiam o mundo todo. A exportação de capital rende de 8 bilhões a 10 bilhões de francos por ano, de acordo com os preços de antes da guerra e segundo as estatísticas burguesas de então. Agora, claro, os valores são muito maiores.

É evidente que tão gigantesco *superlucro* (visto ser obtido para além do lucro que os capitalistas extraem dos operários do "próprio" país) *permite subornar* os dirigentes operários e a camada superior da aristocracia operária. Os capitalistas dos países "avançados", subornam-nos efetivamente, e fazem-no de mil e uma maneiras, diretas e indiretas, abertas e ocultas.

Essa camada de operários aburguesados ou "aristocracia operária", completamente pequeno-burgueses por seu modo de vida, seu ordenado e toda a sua concepção do mundo, constitui o principal apoio da Segunda Internacional e, em nossos dias, o principal *apoio social* (não militar) da *burguesia*. Isso porque são verdadeiros *agentes da burguesia* no movimento *operário*, feitores operários da classe dos capitalistas (*labor lieutenants of the capitalist class*), verdadeiros veículos do reformismo e do chauvinismo. Na guerra civil entre o proletariado e a burguesia, colocam-se inevitavelmente,

---

fundamental dos sociais-democratas de esquerda da Alemanha. A partir de 1916, o grupo da *Die Internationale* começou a editar e difundir ilegalmente cartas políticas assinadas Spartakus e passou a se chamar Spartakus. Os spartakistas faziam propaganda revolucionária entre as massas, organizavam ações de massas contra a guerra, dirigiam greves, desmascaravam o caráter imperialista da guerra mundial e a traição dos dirigentes oportunistas da social-democracia. Contudo, cometiam erros sérios em relação a importantes questões teóricas e políticas. Em abril de 1917, os spartakistas entraram para o Partido Social-Democrata Independente da Alemanha, centrista, conservando nele a sua autonomia organizativa. Em novembro de 1918, durante a revolução na Alemanha, os spartakistas constituíram-se em Liga Spartakus e, depois de publicar seu programa em 14 de dezembro de 1918, romperam com os "independentes". No congresso constituinte realizado de 30 de dezembro de 1918 a 1º de janeiro de 1919, os spartakistas fundaram o Partido Comunista da Alemanha. (N. E. R.)

em número considerável, ao lado da burguesia, ao lado dos "versalheses"* contra os "*communards*".

Sem ter compreendido as raízes econômicas desse fenômeno, sem ter avaliado a sua importância política e social, é impossível dar sequer um passo no terreno da resolução das tarefas práticas do movimento comunista e da revolução social vindoura.

O imperialismo é a véspera da revolução social do proletariado. Isso se confirmou em escala mundial desde 1917.

*N. Lênin***
6 de julho de 1920

---

* Arqui-inimigos da Comuna de Paris de 1871, partidários do governo burguês contrarrevolucionário francês dirigido por Adolphe Thiers, constituído em Versalhes depois da vitória da Comuna. Durante a repressão da Comuna de Paris, os versalheses massacraram os *communards* com uma crueldade inaudita. Depois de 1871, a palavra "versalheses" tornou-se sinônimo de contrarrevolução feroz. (N. E. R.)

** Uma das formas como Lênin assinava seu pseudônimo. (N. R. T.)

IMPERIALISMO, ESTÁGIO SUPERIOR DO CAPITALISMO

Durante os últimos quinze ou vinte anos, sobretudo depois das guerras hispano-americana (1898) e anglo-bôer (1899-1902)*, a literatura econômica e política do Velho e do Novo Mundo vale-se cada vez mais do conceito de "imperialismo" para caracterizar a época que atravessamos. Em 1902, foi publicada em Londres e em Nova York a obra do economista inglês J. A. Hobson: *Imperialismo*. O autor, que defende o ponto de vista do social-reformismo e do pacifismo burgueses – ponto de vista que coincide, no fundo, com a posição atual do ex-marxista K. Kautsky – oferece uma descrição muito boa e detalhada das particularidades econômicas e políticas fundamentais do imperialismo**. Em 1910, publicou-se em Viena a obra do marxista austríaco Rudolf Hilferding: *Capital financeiro* (tradução russa: Moscou, 1912). Apesar do erro do autor quanto à questão da teoria do

---

* A Guerra Hispano-Americana de 1898 foi a primeira guerra imperialista da história; segundo a definição de Lênin, um dos principais marcos que assinalaram o início da época do imperialismo. A guerra começou numa situação de insurreição em Cuba (desde 1895) e nas Filipinas (desde 1896) contra a opressão colonial espanhola. Atuando pretensamente em apoio à luta desses povos, os Estados Unidos aproveitaram-se dela para os seus objetivos e para a conquista de Porto Rico, da ilha de Guam e das Filipinas, e ocuparam Cuba, formalmente declarada independente. A Guerra Anglo-Bôer de 1899-1902 foi uma guerra de conquista da Grã-Bretanha contra as repúblicas bôeres da África do Sul – Estado Livre de Orange (*Orange Free State*) e Transval; uma das primeiras guerras da época do imperialismo. Como resultado da guerra, ambas as repúblicas foram transformadas em colônias inglesas; a população nativa africana ficou sob um duplo jugo: dos bôeres e dos colonizadores ingleses. (N. E. P.)

** Análise semelhante encontra-se também no resumo do livro de John A. Hobson, *Imperialism: A Study* (Londres, James Nisbet & Co., 1902), feito nos "Cadernos sobre o imperialismo". Em 1914, Lênin traduziu o livro para o russo; o manuscrito da tradução feita por Lênin por enquanto não foi encontrado. Lênin escreveu sobre o livro de Hobson que era "útil em geral, e particularmente útil para desmascarar a falsificação fundamental de Kautsky nessa questão" (*Сочинения/Sotchinénia* [Obras], 4. ed., v. 39, p. 91). Valendo-se de um rico material factual do livro de Hobson, Lênin, ao mesmo tempo, critica suas conclusões reformistas e a tentativa de defender o imperialismo de forma encoberta. (N. E. R.)

dinheiro e de certa tendência a conciliar o marxismo com o oportunismo, a obra mencionada representa uma análise teórica de alto valor da "fase mais recente do desenvolvimento do capitalismo" – tal é o subtítulo do livro de Hilferding*. Em essência, o que se disse acerca do imperialismo durante os últimos anos – sobretudo na enorme quantidade de artigos publicados em jornais e revistas, assim como nas resoluções tomadas, por exemplo, nos congressos de Chemnitz** e de Basileia, realizados no outono de 1912 – mal saiu do círculo das ideias expostas, ou, melhor dizendo, resumidas nos dois trabalhos mencionados.

Nas páginas a seguir, procuraremos expor resumidamente, da forma mais popular possível, as conexões e as inter-relações existentes entre as particularidades econômicas *fundamentais* do imperialismo. Não nos deteremos, por mais que merecesse, no aspecto não econômico do problema***. Quanto às referências bibliográficas e outras notas que podem não interessar a todos os leitores, nós as posicionaremos no fim do panfleto.

---

* Nos "Cadernos sobre o imperialismo", Lênin caracteriza Hilferding, um dos líderes da Segunda Internacional, como "kantiano" e "kautskista", reformador e "persuasor do imperialismo burguês" (*Sotchinénia*, 4. ed., v. 39, p. 592). (N. E. R.)

** Referência à resolução do congresso da social-democracia alemã realizado em setembro de 1912 em Chemnitz. Na resolução, condenava-se a política imperialista e assinalava-se a importância da luta pela paz. (N. E. R. A.)

*** Por "não econômico", Lênin queria dizer "político". Os aspectos políticos foram omitidos porque o panfleto pretendia ser uma publicação legal aprovada pelos censores tsaristas. (N. E.)

I
CONCENTRAÇÃO DA PRODUÇÃO E MONOPÓLIOS

O enorme crescimento da indústria e o processo notavelmente rápido de concentração da produção em empresas cada vez maiores constituem uma das particularidades mais características do capitalismo. Os censos industriais contemporâneos fornecem os dados mais completos e exatos sobre esse processo.

Na Alemanha, por exemplo, a cada 1.000 empreendimentos industriais, em 1882, 3 eram grandes empresas, ou seja, tinham mais de 50 operários assalariados; em 1895, eram 6, e em 1907, 9. De cada 100 operários, correspondiam-lhes, respectivamente, 22, 30 e 37. Mas a concentração da produção é muito mais intensa do que a concentração de operários, pois o trabalho nas grandes empresas é muito mais produtivo, como indicam os dados relativos às máquinas a vapor e aos motores elétricos. Se considerarmos aquilo que na Alemanha se denomina indústria em sentido amplo, ou seja, incluindo o comércio, as vias de comunicação etc., obteremos o seguinte quadro: grandes empresas, 30.588 num total de 3.265.623, isto é, apenas 0,9%. Nelas estão empregados 5,7 milhões de operários, num total de 14,4 milhões, isto é, 39,4%; cavalos-vapor, 6,6 milhões para um total de 8,8 milhões, ou seja, 75,3%; energia elétrica, 1,2 milhão de quilowatts para um total de 1,5 milhão, isto é, 77,2%.

Menos de um centésimo das empresas tem mais de três quartos da quantidade total da força motriz a vapor e elétrica! Aos 2,97 milhões de pequenos estabelecimentos (até cinco operários assalariados), que constituem 91% de todos os empreendimentos, correspondem no total 7% da energia elétrica e a vapor! Algumas dezenas de milhares de grandes empresas são tudo, os milhões de pequenas empresas não são nada.

Em 1907, havia na Alemanha 586 estabelecimentos com mil ou mais operários. Esses estabelecimentos empregavam quase a décima parte (1,38 milhão) do número total de operários e *quase um terço* (32%) do total de energia elétrica e a vapor[1]. O capital monetário e os bancos, como veremos, tornam essa preponderância de um punhado de grandes empresas ainda mais esmagadora, e no sentido mais literal da palavra, ou seja, milhões de pequenos, médios e até uma parte dos grandes "proprietários" encontram-se na prática completamente submetidos a algumas centenas de financistas milionários.

Em outro país avançado do capitalismo contemporâneo, os Estados Unidos da América do Norte, o crescimento da concentração da produção é ainda mais intenso. Aqui, a estatística distingue a indústria, na acepção estrita da palavra, e agrupa os estabelecimentos de acordo com o valor da produção anual. Em 1904, havia 1.900 grandes empresas (num total de 216.180, isto é, 0,9%), com uma produção de 1 milhão de dólares e mais; contavam com 1,4 milhão de operários (num total de 5,5 milhões, isto é, 25,6%), e 5,6 bilhões de produção (de 14,8 bilhões, isto é, 38%). Em cinco anos, em 1909, os números correspondentes eram: 3.060 empresas (num total de 268.491, isto é, 1,1%) com 2 milhões de operários (de 6,6 milhões, isto é, 30,5%) e 9 bilhões de produção anual (de 20,7 bilhões, isto é, 43,8%)[2].

Quase metade da produção global de todas as empresas do país está nas mãos de *um centésimo* do número total de empresas! E essas 3 mil empresas gigantescas abarcam 258 ramos da indústria. Disso fica claro que a concentração, em um determinado grau de seu desenvolvimento, leva por si mesma, pode-se dizer, a algo próximo do monopólio. Isso porque, por um lado, algumas dezenas de empresas gigantescas chegam facilmente a um acordo entre si e, por outro, as dificuldades da concorrência e a tendência ao monopólio são engendradas justamente pelas grandes dimensões das empresas. Essa transformação da concorrência em monopólio representa um dos fenômenos mais importantes – se não o mais importante – da mais recente

---

[1] Números dos *Annalen des deutschen Reichs* 1911, Zahn.
[2] Bureau of the Census, *Statistical Abstract of the United States 1912* (Washington, Government Printing Office, 1913), p. 202.

economia do capitalismo, e nisso precisaremos nos deter com mais cuidado. Primeiramente, entretanto, teremos de desfazer um possível mal-entendido.

A estatística estadunidense indica: 3 mil empresas gigantes em 250 setores da indústria. É como se fossem apenas 12 grandes empresas para cada setor da produção.

Mas não é assim. Não existem grandes empresas em cada setor da indústria; além disso, uma particularidade extremamente importante do capitalismo que atingiu seu mais alto grau de desenvolvimento é a chamada *combinação*, ou seja, a junção em uma só empresa de diferentes setores da indústria, que representam seja as etapas sucessivas da elaboração de uma matéria-prima (por exemplo, a fundição do minério de ferro, a transformação do ferro fundido em aço e, em seguida, talvez, a produção de determinados produtos de aço), seja o desempenho de um papel auxiliar uns em relação aos outros (por exemplo, o processamento dos resíduos ou dos produtos secundários, a produção de embalagens etc.).

Diz Hilferding:

> A combinação nivela as diferenças de conjuntura e garante, portanto, à empresa combinada uma taxa de lucro mais estável. Em segundo lugar, a combinação conduz à eliminação do comércio. Em terceiro lugar, permite o aperfeiçoamento técnico e, por conseguinte, a obtenção de lucros suplementares em comparação com as empresas "simples" (isto é, não combinadas). Em quarto lugar, fortalece a posição da empresa combinada relativamente à "simples", reforça-a na luta de concorrência durante as fortes depressões (dificuldade nos negócios, crise), quando os preços das matérias-primas caem menos do que os preços dos artigos manufaturados.[3]

O economista burguês alemão Heymann, que dedicou uma obra às empresas "mistas", ou seja, combinadas, na indústria siderúrgica alemã, diz: "As empresas simples perecem, esmagadas pelo preço elevado das matérias-primas e pelo baixo preço dos artigos manufaturados". Daí resulta o seguinte:

> Por um lado, ficaram as grandes companhias carvoeiras com uma extração de carvão que se cifra em vários milhões de toneladas, solidamente organizadas no

---

[3] Rudolf Hilferding, *Das Finanzkapital* (ed. russa, Moscou, 1912), p. 286-7 [ed. bras.: *Capital financeiro*, trad. Reinaldo Mestrinel, São Paulo, Nova Cultural, 1985, coleção Os Economistas].

seu sindicato de carvoeiros; em seguida, estreitamente ligadas a elas, as grandes fundições de aço com o seu sindicato. Essas empresas gigantescas, com uma produção de aço de 400 mil toneladas [1 tonelada = 60 *puds**] por ano, com uma extração enorme de minério de ferro e carvão, com a sua produção de artigos de aço, com 10 mil operários alojados nos barracões dos bairros operários, que contam por vezes com ferrovias e portos próprios, são os representantes típicos da indústria siderúrgica alemã. E a concentração continua avançando sem cessar. As diferentes empresas vão crescendo em importância dia após dia; é cada vez maior o número de estabelecimentos de um ou vários ramos da indústria que se agrupam em empresas gigantescas, apoiadas e dirigidas por meia dúzia de grandes bancos berlinenses. No que se refere à indústria mineradora alemã, foi demonstrada a exatidão da doutrina de Karl Marx sobre a concentração; é verdade que isso se refere a um país onde a indústria é defendida por direitos alfandegários protecionistas e pelas tarifas de transporte. A indústria mineradora da Alemanha está madura para a expropriação.[4]

Tal é a conclusão a que teve de chegar um economista burguês honesto, o que é uma exceção. É preciso notar que, por assim dizer, ele destaca a Alemanha como um caso particular, em razão da proteção da sua indústria por elevadas tarifas alfandegárias protecionistas. Mas essa circunstância pôde somente acelerar a concentração e a formação de associações monopolistas patronais, cartéis, sindicatos etc. É extremamente importante notar que no país do livre comércio, a Inglaterra, a concentração *também* conduz ao monopólio, ainda que um pouco mais tarde e, talvez, sob outra forma. Eis o que escreve o professor Hermann Levy, em *Monopólios, cartéis e trustes*, estudo especial feito com base nos dados relativos ao desenvolvimento econômico da Grã-Bretanha:

> Na Grã-Bretanha, são precisamente as grandes proporções de empresas e seu elevado nível técnico que trazem a tendência ao monopólio. Por um lado, a concentração determinou o emprego de enormes capitais nas empresas; por isso, as novas empresas encontram-se perante exigências cada vez mais elevadas no que diz respeito ao volume de capital necessário, e essa circunstância dificulta seu

---

* Antiga medida de peso russa, equivalente a 16,3 quilos. (N. E.)
[4] Hans Gideon Heymann, *Die gemischten Werke im deutschen Grosseisengewerbe* (Stuttgart, J. G. Cotta, 1904), p. 256 e 278-9.

aparecimento. Mas, por outro lado (e esse ponto consideramos o mais importante), cada nova empresa que queira se manter no nível das empresas gigantes criadas pela concentração representa um aumento tão grande na oferta de mercadorias que sua venda lucrativa só é possível com a condição de um aumento extraordinário da procura, pois, caso contrário, essa abundância de produtos faz baixar os preços a um nível desvantajoso para a nova fábrica e para as associações monopolistas.

Na Inglaterra, as associações monopolistas de proprietários, cartéis e trustes surgem, na maior parte dos casos – diferentemente dos outros países, onde as tarifas alfandegárias protecionistas facilitam a cartelização –, apenas quando as principais empresas concorrentes se reduzem a "umas duas dúzias". "A influência da concentração na formação dos monopólios na grande indústria surge, nesse caso, com uma clareza cristalina."[5]

Há meio século, quando Marx escreveu o seu *O capital**, a livre concorrência parecia, para a maior parte dos economistas, uma "lei da natureza". A ciência oficial tentou assassinar, pela conspiração do silêncio, a obra de Marx, que demonstrava, por meio de uma análise teórica e histórica do capitalismo, que a livre concorrência engendra a concentração da produção, e essa concentração, em um determinado patamar de seu desenvolvimento, conduz ao monopólio. Agora o monopólio se tornou um fato. Os economistas escrevem montanhas de livros descrevendo as diferentes manifestações do monopólio e continuam a declarar em coro que "o marxismo foi refutado". Mas os fatos são teimosos – como afirma o provérbio inglês – e, para o bem ou para o mal, é preciso considerá-los. Os fatos demonstram que as diferenças entre os diversos países capitalistas, no que se refere, por exemplo, ao protecionismo** ou ao livre câmbio, trazem consigo apenas diferenças não

---

[5] Hermann Levy, *Monopole, Kartelle und Trusts* (Jena, Fischer, 1909), p. 286, 290 e 298.

* Ed. bras.: *O capital: crítica da economia política*, Livro 1: *O processo de produção do capital* (trad. Rubens Enderle, São Paulo, Boitempo, 2011). (N. E.)

** Política econômica de um Estado destinada a proteger a economia nacional da concorrência estrangeira. Aplica-se por meio de estímulo financeiro à indústria nacional, incentivos à exportação, limitação das importações. Nas condições do imperialismo, o protecionismo tem um caráter "ofensivo". A sua principal tarefa é a defesa dos setores mais desenvolvidos, altamente monopolizados, da indústria, a conquista de mercados externos por meio da exportação de capital, do *dumping* etc. (N. E. P.)

essenciais quanto à forma dos monopólios ou ao momento do seu surgimento, mas que o engendramento do monopólio devido à concentração da produção é uma lei geral e fundamental do presente estágio de desenvolvimento do capitalismo.

No que se refere à Europa, pode-se fixar com bastante exatidão o momento em que o novo capitalismo veio substituir *definitivamente* o velho: em princípios do século XX. Num dos trabalhos de compilação mais recentes sobre a história da "formação dos monopólios", lemos:

> Podem-se citar alguns exemplos de monopólios capitalistas da época anterior a 1860; podem-se descobrir aí os germes das formas que são tão correntes na atualidade; mas tudo isso constitui indiscutivelmente a época pré-histórica dos cartéis. O verdadeiro começo dos monopólios contemporâneos encontraremos, no máximo, na década de 1860. O primeiro grande período de desenvolvimento dos monopólios começa com a depressão internacional da indústria na década de 1870 e prolonga-se até princípios da última década do século. [...]
> Se examinarmos a questão no que se refere à Europa, a livre concorrência alcança o ponto culminante de desenvolvimento nos anos de 1860 a 1870. A essa altura, a Inglaterra acabava de erguer a sua organização capitalista do velho estilo. Na Alemanha, essa organização iniciava uma luta decidida contra a indústria artesanal e doméstica e começava a criar as suas próprias formas de existência. [...]
> Inicia-se uma transformação profunda com o *crash* de 1873, ou, mais exatamente, com a depressão que se lhe seguiu e que – com uma pausa quase imperceptível em princípios da década de 1880 e com uma ascensão extraordinariamente vigorosa, mas breve, por volta de 1889 – abarca 22 anos da história econômica da Europa. [...]
> Durante o breve período de ascensão de 1889 e 1890, foram utilizados em grande escala os cartéis para aproveitar a conjuntura. Uma política irrefletida elevava os preços ainda com maior rapidez e em maiores proporções do que teria acontecido sem os cartéis, e quase todos esses cartéis pereceram ingloriamente, enterrados "na fossa do *crash*". Passaram-se ainda outros cinco anos de maus negócios e preços baixos, mas já não reinava na indústria o estado de espírito anterior. A depressão já não era considerada natural, mas somente viram nela uma pausa antes de uma nova conjuntura favorável.
> E o movimento dos cartéis entrou na sua segunda época. Em vez de serem um fenômeno passageiro, os cartéis tornam-se uma das bases de toda a vida econômica;

conquistam, uma após a outra, as esferas industriais e, em primeiro lugar, a da transformação de matérias-primas. Em princípios da década de 1890, os cartéis conseguiram já, na organização do sindicato do coque que serviu de modelo ao sindicato carvoeiro, uma tal técnica dos cartéis que, em essência, não foi ultrapassada. A grande ascensão de fins do século XIX e a crise de 1900 a 1903 decorreram já inteiramente, pela primeira vez – pelo menos no que se refere às indústrias mineradora e siderúrgica –, sob o signo dos cartéis. E se então isso parecia ainda algo novo, agora é uma verdade evidente para a opinião pública que grandes setores da vida econômica são, em regra geral, subtraídos à livre concorrência.[6]

Assim, eis os principais resultados da história dos monopólios: 1) décadas de 1860 e 1870: o patamar superior, culminante, do desenvolvimento da livre concorrência. Os monopólios são apenas germes quase imperceptíveis; 2) depois da crise de 1873, longo período de desenvolvimento dos cartéis, mas estes são ainda uma exceção. Não estão ainda sólidos. Representam ainda um fenômeno passageiro; 3) ascensão de fins do século XIX e crise de 1900 a 1903: os cartéis passam a ser uma das bases de toda a vida econômica. O capitalismo se transforma em imperialismo.

Os cartéis estabelecem entre si acordos sobre as condições de venda, os prazos de pagamento etc. Repartem entre si os mercados de venda. Determinam a quantidade de produtos produzidos. Estabelecem os preços. Distribuem os lucros entre as diferentes empresas, e assim por diante.

O número de cartéis na Alemanha era de aproximadamente 250 em 1896 e 385 em 1905, abarcando cerca de 12 mil estabelecimentos[7]. Mas todos reconhecem que esses números estão subestimados. Dos dados da estatística da indústria alemã de 1907 que citamos antes, deduz-se que mesmo esses 12 mil grandes estabelecimentos concentram, certamente, mais da metade de toda a energia a vapor e elétrica. Nos Estados Unidos da América do Norte, o número

[6] Theodor Vogelstein, "Die finanzielle Organisation der Kapitalistischen Industrie und die Monopolbildungen", *Grundriss der Sozialökonomik*, v. 6, 1914. Ver, do mesmo autor, *Organisationsformen der Eisenindustrie und der Textilindustrie in England und Amerika*, v. 1 (Leipzig, Duncker & Humblot, 1910).

[7] Dr. Jacob Riesser, *Die deutschen Grossbanken und ihre Konzentration im Zusammenhang mit der Entwicklung der Gesamtwirtschaft in Deutschand* (4. ed., Jena, Fischer, 1912), p. 149; Robert Liefmann, *Kartelle und Trusts und die Weiterbildung der volkswirtschaftlichen Organisation* (2. ed., Stuttgart, Moritz, 1910), p. 25.

de trustes era de 185 em 1900 e 250 em 1907. A estatística estadunidense divide todas as empresas industriais em empresas pertencentes a indivíduos, sociedades e corporações. A estas últimas pertenciam, em 1904, 23,6%, e, em 1909, 25,9%, isto é, mais da quarta parte do total das empresas. Nos referidos estabelecimentos trabalhavam 70,6% dos operários em 1904, e 75,6% em 1909, três quartos do total; a dimensão da produção era, respectivamente, de 10,9 bilhões e 16,3 bilhões de dólares, ou seja, 73,7% e 79% da soma total.

Nas mãos dos cartéis e dos trustes concentram-se não raro sete ou oito décimos de toda a produção de um determinado setor da indústria. O sindicato carvoeiro da Renânia-Vestfália, no momento da sua constituição, em 1893, concentrava 86,7% de toda a produção de carvão daquela bacia, e em 1910 já dispunha de 95,4%[8]. Dessa maneira, o monopólio constituído garante lucros gigantes e conduz à formação de unidades técnicas de produção de enormes proporções. O famoso truste do querosene dos Estados Unidos (*Standard Oil Company*) foi fundado em 1900.

> O seu capital era de 150 milhões de dólares. Foram emitidas ações ordinárias no valor de 100 milhões de dólares e ações privilegiadas no valor de 106 milhões de dólares. Essas últimas auferiram os seguintes dividendos no período de 1900 a 1907: 48%, 48%, 45%, 44%, 36%, 40%, 40% e 40%, ou seja, um total de 367 milhões de dólares. De 1882 a 1907, foram obtidos 889 milhões de dólares de lucros líquidos, dos quais 606 milhões foram distribuídos a título de dividendos e o restante passou a capital de reserva. [...]
> No conjunto das empresas do truste do aço [United States Steel Corporation] trabalhavam, em 1907, pelo menos 210.180 operários e empregados. A empresa mais importante da indústria alemã, a Sociedade Mineradora de Gelsenkirchen [Gelsenkirchener Bergwerksgesellschaft], dava trabalho, em 1908, a 46.048 operários e funcionários.[9]

Ainda em 1902, o truste do aço produzia 9 milhões de toneladas[10]. Sua produção de aço correspondia a 66,3% em 1901 e a 56,1% em 1908 de toda

---

[8] Dr. Fritz Kestner, *Der Organisationszwang. Eine Untersuchung über die Kämpfe Zwischen Kartellen und Aussenseitern* (Berlim, Heymann, 1912), p. 11.

[9] Robert Liefmann, *Beteiligungs- und Finanzierungsgesellschaften. Eine Studie uber den modernen Kapitalismus und das Effektenwesen* (1. ed., Jena, Fischer, 1909), p. 212 e 218.

[10] Dr. Siegfried Tschierschky, *Kartell und Trust* (Göttingen, Vandenhoeck & Ruprecht, 1903), p. 13.

a produção de aço dos Estados Unidos[11]. A sua extração de minério de ferro constituía 43,9% e 46,3%, respectivamente[12].

O relatório de uma comissão governamental estadunidense sobre os trustes diz:

A grande superioridade dos trustes sobre os seus concorrentes baseia-se nas grandes proporções das suas empresas e no seu excelente equipamento técnico. O truste do tabaco, desde o próprio momento da sua fundação, consagrou inteiramente os seus esforços a substituir em todo o lado, e em grande escala, o trabalho manual pelo trabalho mecânico. Com esse objetivo, adquiriu todas as patentes que tivessem qualquer relação com a elaboração do tabaco, investindo nisso somas enormes. Muitas patentes foram, a princípio, inutilizáveis e tiveram de ser modificadas pelos engenheiros que se encontravam ao serviço do truste. Em fins de 1906, foram constituídas duas sociedades filiais com o único objetivo de adquirir patentes. Com esse mesmo fim, o truste montou as suas próprias fundições, as suas fábricas de maquinaria e as suas oficinas de reparação. Um dos referidos estabelecimentos, o de Brooklyn, dá trabalho, em média, a trezentos operários; nele se experimentam e se aperfeiçoam os inventos relacionados com a produção de cigarros, pequenos charutos, rapé, papel de estanho para as embalagens, caixas etc. [...] Há outros trustes que têm a seu serviço os chamados *developing engineers* [engenheiros para o desenvolvimento da técnica], cuja missão consiste em inventar novos processos de produção e experimentar inovações técnicas. O truste do aço concede aos seus engenheiros e operários prêmios importantes pelos inventos susceptíveis de elevar a técnica ou reduzir os custos.[13]

Da mesma forma organiza-se o aperfeiçoamento técnico na grande indústria alemã, por exemplo, na indústria química, que se desenvolveu a proporções tão gigantescas na última década. O processo de concentração da produção criara nessa indústria, já em 1908, dois "grupos" principais, que, à sua maneira, redundaram em monopólio. A princípio, esses grupos constituíam "duplas alianças" de dois pares de grandes fábricas com um

---

[11] Theodor Vogelstein, *Organisationsformen*, cit., p. 275.
[12] Herbert Knox Smith e Bureau of Corporations, *Report of the Commissioner of Corporations on the Tobacco Industry* (Washington, Government Printing Office, 1909), p. 266. Extraído do livro do Dr. Paul Tafel, *Die nordamerikanischen Trusts und ihre Wirkungen auf den Fortschritt der Technik* (Stuttgart, Wittwer, 1913), p. 48.
[13] Ibidem, p. 48-9.

capital de 20 milhões a 21 milhões de marcos cada uma: por um lado, a antiga fábrica Meister, em Höchst, e a de Cassella, em Frankfurt am Main, por outro, a fábrica de anilina e soda de Ludwigshafen e a antiga fábrica Bayer, em Elberfeld. Em seguida, um grupo em 1905 e outro em 1908 concluíram acordos, cada qual com uma outra grande fábrica. Daí resultaram duas "alianças triplas" com um capital de 40 milhões a 50 milhões de marcos cada uma, entre as quais logo se iniciou a "aproximação", o "acordo" de preços etc.[14]

A concorrência se transforma em monopólio. Daí resulta um gigantesco progresso na socialização da produção. Socializa-se, em particular, o processo dos inventos e aperfeiçoamentos técnicos.

Já não se trata mais em absoluto da antiga livre concorrência entre proprietários que produzem para a venda em um mercado desconhecido. A concentração chegou a tal ponto que se pode produzir um inventário aproximado de todas as fontes de matérias-primas (por exemplo, jazidas de minérios de ferro) de um dado país, e ainda, como veremos, de uma série de países e de todo o mundo. Não só esse inventário é produzido, mas dessas fontes ainda se apoderam associações monopolistas gigantescas. É produzido um inventário aproximado das dimensões do mercado, o qual esses grupos "dividem" entre si com base em um acordo contratual. Monopoliza-se a mão de obra qualificada, contratam-se os melhores engenheiros, toma-se posse das vias e dos meios de comunicação – as ferrovias nos Estados Unidos e as companhias de navegação na Europa e nos Estados Unidos. O capitalismo, em seu estágio imperialista, conduz à socialização integral da produção nos seus mais variados aspectos, arrasta, por assim dizer, os capitalistas – contra a sua vontade e sem que disso tenham consciência – para um novo regime social, um regime de transição entre a absoluta liberdade de concorrência e a socialização completa.

A produção se torna social, mas a apropriação continua a ser privada. Os meios sociais de produção permanecem propriedade privada de um número reduzido de pessoas. O quadro geral da livre concorrência formalmente

---

[14] Jacob Riesser, *Die deutschen Grossbanken und ihre Konzentration im Zusammenhang mit der Entwicklung der Gesamtwirtschaft in Deutschand* (3. ed., Jena, Fischer, 1910), p. 547 e seg. Os jornais relatam (junho de 1916) a constituição de um novo truste gigantesco da indústria química da Alemanha.

reconhecida permanece, e o jugo de poucos monopolistas sobre o resto da população torna-se cem vezes mais pesado, mais sensível, mais insuportável.

O economista alemão Kestner consagrou uma obra especial à "luta entre os cartéis e os terceiros", quer dizer, os empresários que não fazem parte dos cartéis. Intitulou essa obra *A coerção da organização*, quando devia ter falado, evidentemente, para não embelezar o capitalismo, de coerção da subordinação às associações monopolistas. É instrutivo dar ao menos uma olhada na lista dos meios a que recorrem as associações monopolistas nessa luta mais recente, moderna e civilizada pela "organização": 1) privação de matérias-primas ("um dos processos mais importantes para obrigar a entrar no cartel"); 2) privação de mão de obra mediante "alianças" (ou seja, acordos entre os capitalistas e os sindicatos operários para que estes últimos só aceitem trabalho nas empresas cartelizadas); 3) privação de meios de transporte; 4) privação de possibilidades de venda; 5) acordo com os compradores para que estes mantenham relações comerciais unicamente com os cartéis; 6) diminuição sistemática dos preços (com o objetivo de arruinar os "terceiros", ou seja, as empresas que não se submetem aos monopolistas, gastam-se milhões durante um certo tempo para vender a preços inferiores ao de custo: na indústria da gasolina, ocorreram casos de redução de preço de 40 para 22 marcos, isto é, quase metade!); 7) privação de créditos; 8) declaração do boicote.

Não nos encontramos mais na presença da luta da concorrência entre pequenas e grandes empresas, entre estabelecimentos tecnicamente atrasados e tecnicamente avançados. Estamos diante do estrangulamento por parte dos monopolistas de todos aqueles que não se submetem ao monopólio, ao seu jugo, à sua arbitrariedade. Eis como esse processo se reflete na consciência de um economista burguês:

> Mesmo no terreno da atividade puramente econômica, produz-se um certo deslocamento da atividade comercial, no antigo sentido da palavra, para uma atividade organizadora e especulativa. Não é o comerciante que, valendo-se da sua experiência técnica e comercial, sabe determinar melhor as necessidades do comprador, encontrar e, por assim dizer, "descobrir" a procura que se encontra em estado latente, aquele que consegue os maiores êxitos, mas o gênio [?!]

especulativo que sabe com antecedência ter em conta ou, pelo menos, pressentir o desenvolvimento no terreno da organização, a possibilidade de se estabelecerem determinados laços entre as diferentes empresas e os bancos.[15]

Traduzido em linguagem humana, isso significa: o desenvolvimento do capitalismo chegou a um ponto tal que, ainda que a produção mercantil continue "reinando" como antes e seja considerada a base de toda a economia, na prática ela se encontra já minada e os principais lucros se destinam aos "gênios" das maquinações financeiras. Na base dessas maquinações e trapaças repousa a socialização da produção, mas o gigantesco progresso da humanidade, que chegou a essa socialização, beneficia... os especuladores. Mais adiante veremos como, "com base nisso", a crítica pequeno-burguesa reacionária do imperialismo capitalista sonha voltar *atrás*, à concorrência "livre", "pacífica" e "honesta". Diz Kestner:

> Até agora, a subida duradoura dos preços como resultado da constituição dos cartéis só se observou nos principais meios de produção, sobretudo carvão, ferro e potassa; não se verificou nunca, ao contrário, nos artigos manufaturados. O aumento dos lucros motivado por esse fenômeno se vê igualmente limitado à indústria dos meios de produção. Há de se completar essa observação com a de que a indústria de transformação das matérias-primas (e não de produtos semimanufaturados) não só obtém da constituição de cartéis vantagens sob a forma de lucros elevados, em prejuízo das indústrias dedicadas à transformação ulterior dos produtos semimanufaturados, como adquiriu sobre esta última *certa relação de dominação* que não existia sob a livre concorrência.[16]

As palavras que destacamos mostram qual é o cerne da questão que os economistas burgueses reconhecem com relutância e tão raramente, e do qual, com tanto empenho, os defensores atuais do oportunismo, com Kautsky à frente, tentam desviar-se e livrar-se. As relações de dominação e de violência a ela ligadas, eis o que é típico da "fase mais recente do desenvolvimento do capitalismo", eis o que inevitavelmente tinha de derivar, e derivou, da constituição de monopólios econômicos todo-poderosos.

---

[15] Fritz Kestner, *Der Organisationszwang*, cit, p. 241.
[16] Ibidem, p. 254.

Citemos mais um exemplo da dominação dos cartéis. Onde é possível apoderar-se de todas ou das mais importantes fontes de matérias-primas, o aparecimento de cartéis e a constituição de monopólios é particularmente fácil. Mas seria um erro pensar que os monopólios não surgem também em outros setores da indústria, em que a conquista das fontes de matérias-primas é impossível. A indústria do cimento encontra matéria-prima em toda parte. Não obstante, também essa indústria está fortemente cartelizada na Alemanha. As fábricas se agruparam em sindicatos regionais: o da Alemanha do Sul, o da Renânia-Vestfália etc. Vigoram preços de monopólio: de 230 a 280 marcos por vagão, quando o custo de produção é de 180 marcos! As empresas proporcionam dividendos de 12% a 16%; e não se deve esquecer também que os "gênios" da especulação contemporânea sabem canalizar grandes lucros para os seus bolsos, além daqueles que repartem sob a forma de dividendos. Para eliminar a concorrência numa indústria tão lucrativa, os monopolistas recorrem até a artimanhas: espalham boatos sobre a má situação da indústria, publicam anúncios anônimos nos jornais – "Capitalistas! Cuidado ao investir capital na indústria do cimento" – e, finalmente, adquirem as empresas "terceiras" (ou seja, as que não fazem parte dos sindicatos), pagando 60 mil, 80 mil e 150 mil marcos de "indenização"[17]. O monopólio abre caminho para si em toda parte e a todo custo, desde o pagamento de uma "modesta" indenização até o "recurso" estadunidense do emprego da dinamite contra o concorrente.

A eliminação das crises pelos cartéis é um conto de fadas dos economistas burgueses que embeleza o capitalismo de todas as formas possíveis. Ao contrário, o monopólio que se cria em *alguns* setores da indústria intensifica e agrava o caos próprio do sistema da produção capitalista como um *todo*. A discrepância entre o desenvolvimento da agricultura e o da indústria, característica do capitalismo em geral, torna-se ainda maior. A situação de privilégio em que se encontra a indústria mais cartelizada, a assim chamada indústria pesada, em particular as do carvão e do ferro, determina

---

[17] Ludwig Eschwege, "Zement", *Die Bank*, n. 1, 1909, p. 115 e seg. [*Die Bank* (O Banco) era a revista dos financistas alemães; circulou em Berlim de 1908 a 1943. (N. E. R.)].

nos restantes setores da indústria "uma falta ainda maior de planejamento", como reconhece Jeidels, autor de um dos melhores trabalhos sobre "as relações entre os grandes bancos alemães e a indústria"[18].

"Quanto mais desenvolvida é uma economia nacional", escreve Liefmann, um defensor descarado do capitalismo, "tanto mais ela se volta para empresas de risco ou no estrangeiro, para as que exigem longo tempo para se desenvolver ou, finalmente, as que têm importância apenas local."[19] O aumento do risco está ligado, ao fim e ao cabo, ao aumento gigantesco de capital, o qual, por assim dizer, transborda e corre para o estrangeiro etc. E, ao mesmo tempo, o crescimento extremamente rápido da técnica traz cada vez mais elementos de desproporção entre as diferentes partes da economia nacional, caos e crises. "Provavelmente", é obrigado a reconhecer o mesmo Liefmann, "a humanidade assistirá num futuro próximo a novas e grandes revoluções no campo da técnica, que farão sentir também os seus efeitos sobre a organização da economia nacional"... a eletricidade, a aviação... "Habitualmente, e como regra geral, nesses períodos de radicais transformações econômicas, desenvolve-se uma forte especulação."[20]

E as crises – crises de todo tipo, principalmente as econômicas, mas não apenas – intensificam, por sua vez, em enormes proporções, a tendência à concentração e ao monopólio. Eis algumas reflexões extraordinariamente elucidativas de Jeidels sobre o significado da crise de 1900, que, como sabemos, foi um ponto de inflexão na história dos monopólios modernos:

> A crise de 1900 produziu-se num momento em que, ao lado de gigantescas empresas nos ramos principais da indústria, existiam ainda muitos estabelecimentos com uma organização antiquada, segundo o critério atual, estabelecimentos "simples" [isto é, não combinados], que cresceram na onda da ascensão industrial. A baixa dos preços e a diminuição da procura levaram essas empresas "simples" a uma situação calamitosa, que as gigantescas empresas combinadas ou não conheceram em absoluto ou conheceram apenas durante um brevíssimo

---

[18] Otto Jeidels, *Das Verhältnis der deutschen Grossbanken zur Industrie: mit besonderer Berücksichtigung der Eisenindustrie* (Leipzig, Duncker & Humblot, 1905), p. 271.
[19] Robert Liefmann, *Beteiligungs- und Finanzierungsgesellschaften*, cit., p. 434.
[20] Ibidem, p. 465-6.

período. Como consequência, a crise de 1900 determinou a concentração da indústria em proporções incomparavelmente maiores do que a de 1873, a qual também havia efetuado uma certa seleção das melhores empresas, se bem que, dado o nível técnico de então, essa seleção não tivesse podido conduzir ao monopólio as empresas que haviam saído vitoriosas da crise. É justamente desse monopólio persistente e em alto grau que gozam as gigantescas empresas das indústrias siderúrgica e elétrica atuais, graças ao seu equipamento técnico muito complexo, à sua extensa organização e ao poder do seu capital, e depois, em menor grau, também as empresas de construção de maquinaria, de determinados ramos da indústria metalúrgica, das vias de comunicação etc.[21]

O monopólio é a última palavra da "fase mais recente de desenvolvimento do capitalismo". Mas nossa apresentação sobre a força real e o significado dos monopólios contemporâneos seria extremamente insuficiente, incompleta, reduzida, se não levássemos em consideração o papel dos bancos.

---

[21] Otto Jeidels, *Das Verhältnis der deutschen Grossbanken zur Industrie*, cit., p. 108.

II
OS BANCOS E O SEU NOVO PAPEL

A operação fundamental e original dos bancos é a intermediação nos pagamentos. Nesse sentido, os bancos convertem o capital monetário inativo em ativo, isto é, em capital que rende lucro, coletam todo e qualquer tipo de rendimentos monetários e colocam-nos à disposição da classe dos capitalistas.

Com o desenvolvimento da atividade bancária e a sua concentração em poucos estabelecimentos, os bancos se alçam, de modestos intermediários, a monopolistas onipotentes, que dispõem de quase todo o capital monetário do conjunto dos capitalistas e pequenos proprietários, bem como da maior parte dos meios de produção e das fontes de matérias-primas de um dado país ou de uma série de países. Essa transformação de numerosos modestos intermediários em um punhado de monopolistas constitui um dos processos fundamentais da escalada do capitalismo a imperialismo capitalista e, por isso, devemos nos deter, em primeiro lugar, na concentração da atividade bancária.

Em 1907-1908, os depósitos de todos os acionistas bancários da Alemanha que possuíam capital de mais de 1 milhão de marcos eram de 7 bilhões de marcos; em 1912-1913, já eram de 9,8 bilhões. Um aumento de 40% em cinco anos, com a particularidade de que, desses 2,8 bilhões de aumento, 2,75 bilhões correspondiam a 57 bancos com um capital de mais de 10 milhões de marcos. A distribuição dos depósitos entre os bancos grandes e pequenos era a seguinte[1]:

---

[1] Alfred Lansburgh, "Fünf jahre d. Bankwesen", *Die Bank*, n. 8, 1913, p. 728.

Porcentagem de todos os depósitos

	Nos 9 grandes bancos berlinenses	Nos 48 bancos restantes com capital superior a 10 milhões de marcos	Nos 115 bancos com capital de 1 milhão a 10 milhões de marcos	Nos bancos pequenos (com menos de 1 milhão de marcos)
1907-1908	47	32,5	16,5	4
1912-1913	49	36	12	3

Os bancos pequenos vão sendo enxotados pelos grandes, nove dos quais concentram quase metade de todos os depósitos. Mas aqui há muita coisa que ainda não se levou em consideração, por exemplo, a conversão de um número de bancos pequenos em simples sucursais dos grandes etc., do que trataremos mais adiante.

Em fins de 1913, Schulze-Gaevernitz calculava os depósitos dos nove grandes bancos berlinenses em 5,1 bilhões de marcos, para um total de cerca de 10 bilhões. Tomando em consideração não só os depósitos, mas todo o capital bancário, esse mesmo autor escrevia:

> Em fins de 1909, os nove grandes bancos berlinenses, *contando com os bancos a eles vinculados*, controlavam 11,3 bilhões de marcos, ou seja, cerca de 83% de todo o montante do capital bancário alemão. O Banco Alemão [Deutsche Bank], que controla, *contando com os bancos a ele vinculados*, cerca de 3 bilhões de marcos, representa, ao lado da administração prussiana das ferrovias do Estado, a acumulação de capital mais considerável do Velho Mundo, com a particularidade de estar altamente descentralizada.[2]

Destacamos a indicação relativa aos bancos "vinculados", pois se refere a uma das características mais importantes da concentração capitalista mais recente. Os grandes estabelecimentos, em particular os bancos, não só absorvem diretamente os pequenos, como também os "incorporam", subordinam-nos, incluem-nos em "seu" grupo, em seu "consórcio" – como anuncia o termo técnico – mediante "participação" em seu capital, compra ou troca de ações, sistema de relações de dívidas etc. etc. O prof. Liefmann dedicou todo

---

[2] Gerhard von Schulze-Gaevernitz, "Die deutsche Kreditbank", *Grundriss der Sozialökonomik*, 1915, p. 12 e 137.

um volumoso "trabalho" de quinhentas páginas à descrição das "sociedades de participação e financiamento" contemporâneas[3]; infelizmente, acrescentando argumentos "teóricos" muito inferiores a um material bruto, com frequência mal digerido. A que resultado conduz, no sentido da concentração, esse sistema de "participações" demonstra-o melhor do que qualquer outra a obra da "personalidade" do mundo das finanças, sr. Riesser, acerca dos grandes bancos alemães. Todavia, antes de passarmos aos dados, citaremos um exemplo concreto do sistema de "participação".

O "grupo" do Banco Alemão é um dos maiores, se não o maior, entre os grupos de grandes bancos. Para termos noção dos principais laços que ligam todos os bancos desse grupo, é necessário distinguirmos as "participações" de primeiro, segundo e terceiro graus, ou, o que é o mesmo, a dependência (de bancos menores em relação ao Banco Alemão) em primeiro, segundo e terceiro graus. Obtém-se o seguinte quadro[4]:

		Dependência de 1º grau	Dependência de 2º grau	Dependência de 3º grau
O Banco Alemão participa	permanentemente	de 17 bancos	dos quais 9 participam de outros 34	dos quais 4 participam de outros 7
	por tempo indeterminado	de 5 bancos	—	—
	de tempos em tempos	de 8 bancos	dos quais 5 participam de outros 14	dos quais 2 participam de outros 2
	Total	de 30 bancos	dos quais 14 participam de outros 48	dos quais 6 participam de outros 9

Entre os oito bancos "dependentes de primeiro grau", subordinados "de tempos em tempos" ao Banco Alemão, figuram três bancos estrangeiros: um austríaco (a Sociedade Bancária – Bankverein – de Viena) e dois russos (o Banco Comercial Siberiano – Sibírski Torgóvi Bank – e o Banco Russo de Comércio Exterior – Rússki Bank dliá Vnéchnei Torgóvi). No total, incluem-se

---

[3] Robert Liefmann, *Beteiligungs- und Finanzierungsgesellschaften*, cit., p. 212.
[4] Alfred Lansburgh, "Das Beteiligungssystem im deutschen Bankwesen", *Die Bank*, n. 1, 1901, p. 500.

no grupo do Banco Alemão, direta ou indiretamente, completa ou parcialmente, 87 bancos, e a soma geral do capital, próprio ou alheio, que o grupo controla calcula-se em 2 bilhões ou 3 bilhões de marcos.

É evidente que um banco que se encontra à frente de um tal grupo e que se põe de acordo com meia dúzia de outros bancos, quase tão importantes quanto ele, para operações financeiras, particularmente volumosas e lucrativas, tais como os empréstimos públicos, já se elevou do papel de "intermediário" e se converteu em aliança de um punhado de monopolistas.

Os dados seguintes de Riesser, que citamos de forma abreviada, mostram a rapidez com que, em fins do século XIX e princípios do século XX, efetuou-se a concentração bancária na Alemanha:

Seis grandes bancos berlinenses tinham

	Sucursais na Alemanha	Caixas de depósito e caixas de câmbio	Participações constantes em sociedades anônimas bancárias alemãs	Total dos estabelecimentos
1895	16	14	1	42
1900	21	40	8	80
1911	104	276	63	450

Vemos com que rapidez cresce a apertada rede de canais que abarca todo o país, centraliza todos os capitais e rendimentos monetários, converte milhares e milhares de empresas dispersas em uma única empresa capitalista nacional e, em seguida, mundial. A "descentralização" da qual falava na passagem ora citada Schulze-Gaevernitz, em nome da economia política burguesa dos nossos dias, consiste, na prática, na subordinação a um centro único de um número cada vez maior de unidades econômicas antes relativamente "independentes", ou melhor, unidades econômicas localmente limitadas. Na prática, trata-se, com efeito, de uma *centralização*, de uma intensificação do papel, da importância e do poder dos gigantes monopolistas.

Nos países capitalistas mais velhos, a referida "rede bancária" é ainda mais apertada. Em 1910 na Inglaterra, juntamente com a Irlanda, o número de sucursais de todos os bancos era de 7.151. Quatro grandes bancos tinham mais de quatrocentas sucursais cada um (de 447 a 689); seguiam-se outros quatro, com mais de duzentas, e onze com mais de cem.

Na França, os três bancos mais importantes, o Crédit Lyonnais, o Comptoir National e a Société Générale ampliaram as suas operações e a rede das suas sucursais do seguinte modo[5]:

Número de sucursais e de caixas

	Número de sucursais e de caixas			Dimensão do capital (em milhões de francos)	
	na província	em Paris	Total	próprio	alheio
1870	47	17	64	200	427
1890	192	66	258	265	1.245
1909	1.033	196	1.229	887	4.363

Para caracterizar as "conexões" de um grande banco contemporâneo, Riesser fornece dados sobre o número de cartas enviadas e recebidas pela Sociedade de Desconto (Disconto-Gesellschaft), um dos bancos mais importantes da Alemanha e de todo o mundo (em 1914, seu capital atingiu 300 milhões de marcos):

Número de cartas

	recebidas	expedidas
1852	6.135	6.292
1870	85.800	87.513
1900	533.102	626.043

No grande banco parisiense Crédit Lyonnais, o número de contas-correntes, que em 1875 era de 28.535, passou para 633.539 em 1912[6].

Esses simples números mostram, talvez com maior evidência do que longos raciocínios, como a concentração do capital e o crescimento do volume

---

[5] Eugen Kaufmann, *Das französische Bankwesen* (Tübingen, Mohr, 1911), p. 356 e 362.
[6] Jean Lescure, *L'Épargne en France* (Paris, Tenin, 1914), p. 52.

de negócios dos bancos modificam radicalmente a importância deles. Os capitalistas dispersos acabam por constituir um capitalista coletivo. Ao movimentar contas-correntes de vários capitalistas, é como se o banco realizasse uma operação puramente técnica, exclusivamente auxiliar. Mas quando essa operação cresce até atingir dimensões gigantescas, resulta que um punhado de monopolistas subordina as operações comerciais e industriais de toda a sociedade capitalista, colocando-se em condições – mediante relações bancárias, contas-correntes e outras operações financeiras – primeiramente de *conhecer com exatidão* a condição dos negócios de diferentes capitalistas e, depois, de *controlá-los*, exercer influência sobre eles por meio da ampliação ou da restrição do crédito, facilitando-o ou dificultando-o, e, finalmente, de *determinar inteiramente* o seu destino, determinar a sua renda, privá-los de capital ou dar-lhes a possibilidade de aumentá-lo rapidamente e em grandes proporções etc.

Acabamos de mencionar o capital de 300 milhões de marcos da Sociedade de Desconto de Berlim. Esse aumento de capital da Sociedade de Desconto foi um dos episódios da luta pela hegemonia entre os dois maiores bancos berlinenses, o Banco Alemão e a Sociedade de Desconto. Em 1870, o primeiro era ainda um novato e tinha um capital de 15 milhões, e o segundo, de 30 milhões. Em 1908, o primeiro tinha um capital de 200 milhões; o do segundo era de 170 milhões. Em 1914, o primeiro elevou o seu capital para 250 milhões; o segundo, mediante a fusão com outro grande banco de primeira classe, a Aliança Bancária Schaffhausen, atingiu 300 milhões. E, evidentemente, essa luta pela hegemonia corre em paralelo aos "acordos", cada vez mais frequentes e mais sólidos, entre ambos os bancos. Eis as conclusões a que esse desenvolvimento dos bancos leva alguns especialistas em questões bancárias que examinam os problemas econômicos de um ponto de vista que nunca ultrapassa os limites do reformismo burguês mais moderado e circunspecto – assim dizia a revista alemã *Die Bank* a propósito da elevação do capital da Sociedade de Desconto para 300 milhões:

> Os outros bancos seguirão o mesmo caminho e as 300 pessoas que no momento atual regem os destinos econômicos da Alemanha serão reduzidas, com o tempo, a 50, 25 ou menos ainda. Não há de se esperar que o movimento moderno de concentração fique circunscrito aos bancos. As estreitas relações entre

diferentes bancos conduzem também, naturalmente, à aproximação entre os sindicatos de industriais que estes bancos protegem. [...] Um belo dia acordaremos e perante os nossos olhos espantados não haverá mais do que trustes, encontraremos necessidade de substituir os monopólios privados pelos monopólios de Estado. Contudo, na realidade, nada teremos de que nos censurar, a não ser do fato de termos deixado que a marcha das coisas corresse livremente, um pouco acelerada pelo uso das ações.[7]

Eis uma amostra da impotência da publicística burguesa, da qual a ciência burguesa se distingue apenas por uma menor franqueza e pela tendência a ocultar a essência das coisas, para esconder o bosque atrás das árvores. "Espantar-se" com as consequências da concentração, "fazer censuras" ao governo da Alemanha capitalista ou à "sociedade" capitalista ("nós"), temer a "aceleração" da concentração provocada pela introdução das ações, do mesmo modo que um especialista alemão "em cartéis", Tschierschky, teme os trustes estadunidenses e "prefere" os cartéis alemães, porque, segundo ele, não são tão suscetíveis "de acelerar, de forma tão excessiva como os trustes, o progresso técnico e econômico"[8] – por acaso não se trata de impotência?

Mas os fatos permanecem fatos. Na Alemanha não há trustes, há "apenas" cartéis, mas o país é *dirigido* quando muito por trezentos magnatas do capital. E esse número diminui incessantemente. Os bancos, em todo caso, em todos os países capitalistas, qualquer que seja a diferença entre as legislações bancárias, intensificam e tornam muitas vezes mais rápido o processo de concentração do capital e de constituição de monopólios.

Os bancos criam "a forma de uma contabilidade e uma distribuição gerais dos meios de produção em escala social, mas somente a forma", escreveu Marx há meio século em *O capital* (trad. rus., t. III, parte II, p. 144)*. Os dados que reproduzimos, referentes ao crescimento do capital bancário, ao aumento do número de escritórios e sucursais dos maiores bancos e suas contas-correntes etc., demonstram-nos concretamente essa "contabilidade geral" de

---

[7] Alfred Lansburgh, "Die Bank mit den 300 Millionen", *Die Bank*, n. 1, 1914, p. 426.
[8] Siegfried Tschierschky, *Kartell und Trust*, cit., p. 128.
* Ed. bras.: *O capital: crítica da economia política*, Livro 3: *O processo global da produção capitalista* (trad. Rubens Enderle, São Paulo, Boitempo, 2017), p. 666. (N. E.)

toda a classe dos capitalistas, e não só dos capitalistas, pois os bancos recolhem, ainda que apenas temporariamente, os rendimentos em dinheiro de todo o gênero, tanto dos pequenos proprietários como dos empregados, e de uma reduzida camada superior dos operários. A "distribuição geral dos meios de produção": eis o que *está crescendo*, do lado formal da questão, a partir dos bancos contemporâneos, os quais, incluindo de três a seis grandes bancos na França e de seis a oito na Alemanha, dispõem de bilhões e bilhões. Mas, pelo *conteúdo*, essa distribuição dos meios de produção não é de modo nenhum "geral", mas privada, ou seja, conforme os interesses do grande capital, e em primeiro lugar do maior, do capital monopolista, que atua em condições tais que a massa da população passa fome, enquanto todo o desenvolvimento da agricultura se atrasa irremediavelmente em relação à indústria, uma parte da qual, a "indústria pesada", recebe um tributo de todos os demais setores.

Quanto à socialização da economia capitalista, começam a competir com os bancos as caixas econômicas e os postos de correio, que são mais "descentralizados", ou seja, abarcam com a sua influência um número maior de localidades, um número maior de lugares remotos, setores mais amplos da população. Eis os dados recolhidos por uma comissão estadunidense a propósito da comparação do desenvolvimento dos depósitos nos bancos e nas caixas econômicas[9]:

Depósitos (em bilhões de marcos)

	Inglaterra		França		Alemanha		
	nos bancos	nas caixas econômicas	nos bancos	nas caixas econômicas	nos bancos	nas sociedades de crédito	nas caixas econômicas
1880	8,4	1,6	?	0,9	0,5	0,4	2,6
1888	12,4	2,0	1,5	2,1	1,1	0,4	4,5
1908	23,2	4,2	3,7	4,2	7,1	2,2	13,9

As caixas econômicas, que pagam 4% e 4,25% aos depositantes, são obrigadas a procurar uma colocação "lucrativa" para os seus capitais, a lançar-se em operações de desconto de letras, hipotecas e outras. As fronteiras existentes entre os bancos e as caixas econômicas estão "apagando-se cada vez

---

[9] Dados da estadunidense National Monetary Commission, *Die Bank*, n. 2, 1910, p. 1.200.

mais". As Câmaras de Comércio de Bochum e Erfurt, por exemplo, exigem que se "proíbam" às caixas as operações "puramente" bancárias, tais como o desconto de letras; exigem a limitação da atividade "bancária" dos postos de correio[10]. Os figurões bancários parecem temer que o monopólio de Estado se aproxime deles por um flanco inesperado. Mas, evidentemente, esse medo não ultrapassa os limites da concorrência, por assim dizer, entre dois chefes de serviço num mesmo escritório. Isso porque, por um lado, ao fim e ao cabo, são *esses mesmos* magnatas do capital bancário que dispõem na prática de bilhões concentrados nas caixas econômicas; e, por outro, o monopólio de Estado na sociedade capitalista não é mais do que uma maneira de aumentar e assegurar os rendimentos dos milionários que correm o risco de falir em um setor ou outro da indústria.

A substituição do velho capitalismo, com predomínio da livre concorrência, pelo novo capitalismo, com predomínio do monopólio, é expressa, entre outras coisas, na diminuição da importância da bolsa. "Há já algum tempo", diz a revista *Die Bank*, "a bolsa deixou de ser o intermediário indispensável da circulação que era antes, quando os bancos não podiam ainda colocar a maior parte das emissões nos seus clientes."[11]

"'Todo banco é uma bolsa.' Esse aforismo moderno é tanto mais exato quanto maior é o banco, quanto maiores são os êxitos da concentração nos negócios bancários."[12]

Se, anteriormente, nos anos 1870, a bolsa, com os seus excessos de juventude [alusão "delicada" ao *crash* da bolsa de 1873*, aos escândalos gründeristas**

---

[10] *Die Bank*, n. 8, 1913, p. 811 e 1.022; e *Die Bank*, n. 2, 1914, p. 713.
[11] *Die Bank*, n. 1, 1914, p. 316.
[12] Dr. Oskar Stillich, *Geld- und Bankwesen* (Berlim, Curtius, 1907), p. 169.

* O *crash* da bolsa desencadeou-se em 1873, primeiro na Áustria-Hungria e depois na Alemanha e outros países. No princípio dos anos 1870, a expansão dos créditos e a especulação na bolsa adquiriram dimensões até então desconhecidas. A especulação continuou a crescer num período em que na indústria e no comércio já se manifestavam os sintomas de uma crise econômica mundial crescente. A catástrofe desencadeou-se em 9 de maio de 1873 na Bolsa de Valores de Viena: num período de 24 horas, as ações se desvalorizaram em centenas de milhões, o número de falências foi enorme. A catástrofe se estendeu à Alemanha. (N. E. R.)

** Escândalos gründeristas (do alemão *Gründer*: fundador): fundação febril e massiva de sociedades por ações, bancos e companhias de seguros. O gründerismo é característico principalmente dos anos

etc.] inaugurou a época da industrialização da Alemanha, no momento atual os bancos e a indústria "podem arranjar as coisas por si mesmos". A dominação dos nossos grandes bancos sobre a bolsa [...] não é nada além da expressão do Estado industrial alemão completamente organizado. Se restringirmos, desse modo, o campo de ação das leis econômicas, que funcionam automaticamente, e dilatarmos extraordinariamente o campo da regulação consciente através dos bancos, aumenta, em relação a isso, em proporções gigantescas, a responsabilidade que, quanto à economia nacional, recai sobre umas poucas cabeças dirigentes.

Assim escreve o professor alemão Schulze-Gaevernitz[13], esse apologista do imperialismo alemão, autoridade para os imperialistas de todos os países, que se esforça por dissimular uma "miudeza", a saber, que essa "regulação consciente" por meio dos bancos consiste na espoliação do público por um punhado de monopolistas "completamente organizados". A tarefa do professor burguês consiste não em revelar todo o mecanismo, não em desmascarar todas as artimanhas dos monopolistas bancários, mas em embelezá-las.

Do mesmo modo, Riesser, economista de ainda maior autoridade e "personalidade" do mundo das finanças, evita a questão com frases que nada dizem, falando de fatos que não se pode negar: "A bolsa vai perdendo cada dia mais a qualidade, absolutamente indispensável para toda a economia e para a circulação dos valores, de ser não só o instrumento mais fiel de avaliação, mas também um regulador quase automático dos movimentos econômicos que convergem para ela"[14].

Em outras palavras: o velho capitalismo, o capitalismo da livre concorrência, com o seu regulador absolutamente indispensável, a bolsa, vira coisa do passado. Foi substituído pelo novo capitalismo, que carrega traços evidentes de algo transitório, um tipo de mistura entre livre concorrência e monopólio. Naturalmente, levanta-se a questão: esse capitalismo mais novo está

1850-1870. O crescimento do gründerismo foi acompanhado de uma especulação desenfreada com terrenos e valores da bolsa, criação de empresas fictícias e manobras fraudulentas que enriqueciam os empresários burgueses. (N. E. R. A.)

[13] Gerhard von Schulze-Gaevernitz, "Die deutsche Kreditbank", cit., p. 101.
[14] Jacob Riesser, *Die deutschen Grossbanken und ihre Konzentration im Zusammenhang mit der Entwicklung der Gesamtwirtschaft in Deutschand*, 4. ed., cit., p. 629.

"transitando" *em que* sentido? Formular essa questão, todavia, é algo que os cientistas burgueses temem.

Há trinta anos, os empresários que competiam livremente entre si realizavam nove décimos da atividade econômica que não pertence à esfera do trabalho físico dos "operários". Na atualidade, são os funcionários que realizam os nove décimos desse trabalho intelectual na economia. Os bancos encontram-se à frente dessa evolução.[15]

Esse reconhecimento por parte de Schulze-Gaevernitz reforça mais uma vez a questão sobre a transição para o que seria o capitalismo mais recente, o capitalismo em seu estágio imperialista.

Entre os poucos bancos que, por força do processo de concentração, ficam à frente de toda a economia capitalista, verifica-se e acentua-se cada vez mais, como é natural, a tendência ao acordo monopolista, ao *truste dos bancos*. Nos Estados Unidos, não nove, mas *dois* grandes bancos, os dos bilionários Rockefeller e Morgan*, dominam um capital de 11 bilhões de marcos[16]. Na Alemanha, a absorção da Aliança Bancária Schaffhausen pela Sociedade de Desconto a que aludimos anteriormente levou o *Frankfurt Zeitung***, que defende os interesses da bolsa, a fazer as seguintes avaliações:

---

[15] Gerhard von Schulze-Gaevernitz, "Die deutsche Kreditbank", cit., p. 151.

* No início dos anos 1870, o grupo financeiro monopolista Rockefeller controlava capitais superiores a 120 milhões de dólares, e o grupo Morgan, capitais superiores a 90 milhões de dólares. Entre as companhias industriais controladas pelos Morgan, há grandes monopólios nos Estados Unidos, como a United States Steel, a General Electric, a General Motors e muitas outras empresas da indústria transformadora, dos transportes ferroviários, e bancos. O principal poderio do grupo Rockefeller é o controle da indústria petrolífera; em sua esfera de influência encontram-se os maiores monopólios petrolíferos dos Estados Unidos, inclusive a Standard Oil Co. (New Jersey; desde 1972, Exxon). A esfera de influência do grupo Rockefeller abrange a indústria (eletrônica, construção de máquinas), as instituições financeiras e de crédito, as empresas de seguros. Os grupos Rockefeller e Morgan têm uma enorme influência na vida política dos Estados Unidos. Muitos presidentes e ministros estadunidenses foram protegidos dos Morgan; os Rockefeller, juntamente com outros magnatas, financiam o Partido Republicano dos Estados Unidos. Os monopólios da esfera de influência dos Morgan e dos Rockefeller obtêm enormes lucros com encomendas militares e fornecimentos ao governo. (N. E. R.)

[16] *Die Bank*, n. 1, 1912, p. 435.

** *Frankfurt Zeitung* [Jornal de Frankfurt]: jornal diário, órgão dos grandes bolsistas alemães; circulou em Frankfurt am Main de 1856 a 1943. Recomeçou a publicação em 1949 com o nome de *Frankfurter Allgemeine Zeitung* [Jornal Geral de Frankfurt]. (N. E. R.)

O aumento da concentração dos bancos restringe o círculo de instituições às quais podemos nos dirigir em busca de crédito, o que aumenta a dependência da grande indústria em relação a um reduzido número de grupos bancários. Como resultado da estreita relação entre a indústria e o mundo financeiro, a liberdade de movimento das sociedades industriais que necessitam do capital bancário vê-se assim restringida. Por isso, a grande indústria assiste com certa perplexidade à trustificação [unificação ou transformação em trustes] cada vez mais intensa dos bancos; com efeito, tem-se podido observar com frequência o germe de acordos realizados entre consórcios de grandes bancos, acordos cuja finalidade é limitar a concorrência.[17]

Ainda mais uma vez, a última palavra no desenvolvimento dos bancos é o monopólio.

Quanto à estreita relação existente entre os bancos e a indústria, é precisamente nesse terreno que se manifesta, talvez com mais evidência do que em qualquer outro lugar, o novo papel dos bancos. Se o banco desconta as letras de um empresário, abre-lhe conta-corrente etc., essas operações, consideradas isoladamente, não diminuem em nada a independência do referido empresário, e o banco não passa de um modesto intermediário. Mas se essas operações se tornam cada vez mais frequentes e mais sólidas, se o banco "reúne" capitais imensos nas suas mãos, se as contas-correntes de uma empresa permitem ao banco – e é assim que acontece – conhecer cada vez mais pormenorizada e completamente a situação econômica do cliente, o resultado é uma dependência cada vez mais completa do capitalista industrial em relação ao banco.

Simultaneamente, desenvolve-se, por assim dizer, a união pessoal dos bancos com as maiores empresas industriais e comerciais, a fusão de uns com as outras mediante a posse de ações, mediante a participação dos diretores dos bancos nos conselhos de supervisão (ou de administração) das empresas industriais e comerciais, e vice-versa. O economista alemão Jeidels reuniu dados extremamente minuciosos sobre essa forma de concentração dos capitais e das empresas. Os seis maiores bancos berlinenses estavam representados, por seus diretores, em *344* sociedades industriais,

---

[17] Citado por Gerhard von Schulze-Gaevernitz, "Die deutsche Kreditbank", cit., p. 155.

e, pelos membros dos seus conselhos de administração, em outras *407*, ou seja, em *751* sociedades no total. Em *289* sociedades, ou tinham dois de seus membros nos conselhos de administração, ou ocupavam a presidência. Entre essas sociedades comerciais e industriais, encontramos os mais diversos setores da indústria, seja companhias de seguros, seja meios de comunicação, restaurantes, teatros, indústria de objetos artísticos etc. Além disso, nos conselhos de administração desses seis bancos havia (em 1910) 51 grandes industriais, entre eles o diretor da firma Krupp, o da gigantesca companhia de navegação Hapag (Hamburg-Amerika) etc. etc. Cada um desses seis bancos, de 1895 a 1910, participou da emissão de ações e obrigações de várias centenas de sociedades industriais, a saber: de 281 para 419[18].

A "união pessoal" dos bancos com a indústria completa-se com a "união pessoal" de umas e outras sociedades com o governo. Segundo Jeidels:

> Postos nos conselhos de administração são confiados voluntariamente a personalidades de renome, bem como a antigos funcionários do Estado, os quais podem facilitar [!!!] em grau considerável as relações com as autoridades. [...] No conselho de administração de um banco importante encontramos geralmente algum membro do Parlamento ou da Câmara de Berlim.

A elaboração e o desenvolvimento dos grandes monopólios capitalistas correm, por assim dizer, a todo vapor por todos os caminhos "naturais" e "sobrenaturais". Estabelece-se sistematicamente uma determinada divisão do trabalho entre algumas centenas de reis financistas da sociedade capitalista contemporânea:

> Paralelamente a esse alargamento do campo de ação dos diversos grandes industriais [que entram nos conselhos de administração dos bancos etc.] e ao fato de se confiar aos diretores dos bancos de província unicamente a administração de uma zona industrial determinada, produz-se um certo aumento da especialização dos dirigentes dos grandes bancos. Tal especialização, no geral, só é concebível no caso de toda a empresa bancária, e em particular suas relações industriais, serem de grandes proporções. Essa divisão do trabalho

---

[18] Otto Jeidels, *Das Verhältnis der deutschen Grossbanken zur Industrie*, cit., e Jacob Riesser, *Die deutschen Grossbanken und ihre Konzentration im Zusammenhang mit der Entwicklung der Gesamtwirtschaft in Deutschand*, cit.

efetua-se em dois sentidos: por um lado, as relações com a indústria no seu conjunto confiam-se, como ocupação especial, a um dos diretores; por outro lado, cada diretor encarrega-se do controle de empresas separadas ou de grupos de empresas afins por sua produção ou seus interesses. [O capitalismo está já em condições de exercer o *controle* organizado das empresas separadas.] [...] A especialidade de um é a indústria alemã, ou simplesmente a da Alemanha Ocidental [a Alemanha Ocidental é a parte mais industrial do país]; a de outros, as relações com outros Estados e com as indústrias do estrangeiro, os relatórios sobre a personalidade dos industriais etc., sobre as questões da bolsa etc. Além disso, cada um dos diretores de banco é encarregado com frequência de uma zona ou ramo especial da indústria: um dedica-se principalmente aos conselhos de administração das sociedades elétricas, outro às fábricas de produtos químicos, cerveja ou açúcar, um terceiro a um certo número de empresas separadas, figurando paralelamente no conselho de administração de empresas de seguros. [...] Numa palavra, é indubitável que, nos grandes bancos, à medida que aumenta o volume e a variedade das operações, estabelece-se uma divisão do trabalho cada vez maior entre os diretores, com esse fim [e com esse resultado] de os elevar um pouco, por assim dizer, acima dos negócios puramente bancários, de os tornar mais aptos para julgar, mais competentes nos problemas gerais da indústria e nos problemas específicos dos seus diversos ramos, com o objetivo de os preparar para a atividade no setor industrial da esfera de influência do banco. Esse sistema dos bancos é completado pela tendência que neles se observa de serem eleitos para os conselhos de administração pessoas que conheçam bem a indústria, empresários, antigos funcionários, especialmente os que vêm dos departamentos de ferrovias, minas etc.[19]

Na atividade bancária francesa, encontramos instituições semelhantes, apenas sob uma forma um pouco diferente. Por exemplo, um dos três grandes bancos franceses, o Crédit Lyonnais, tem uma "seção especial destinada a recolher informações financeiras" (*Service des Études Financières*). Na referida seção, trabalham permanentemente mais de cinquenta pessoas, entre engenheiros, estatísticos, economistas, juristas etc. Custa anualmente de 600 mil a 700 mil francos. A seção, por sua vez, encontra-se dividida em oito subseções: uma recolhe dados sobre empresas industriais; outra estuda

---

[19] Otto Jeidels, *Das Verhältnis der deutschen Grossbanken zur Industrie*, cit., p. 156-7.

a estatística geral; a terceira, as companhias ferroviárias e de navegação; a quarta, os fundos; a quinta, os relatórios financeiros etc.[20]

Disso resulta, por um lado, uma fusão cada vez maior ou, segundo a acertada expressão de Nikolai I. Bukhárin, a junção dos capitais bancário e industrial, e, por outro, a transformação dos bancos em instituições com um verdadeiro "caráter universal". Julgamos necessário reproduzir os termos exatos que a esse respeito emprega Jeidels, o escritor que melhor estudou o assunto:

> Como resultado do exame das relações industriais no seu conjunto surge o caráter universal dos estabelecimentos financeiros que trabalham para a indústria. Contrariamente a outras formas de bancos, contrariamente às exigências formuladas por vezes na literatura de que os bancos devem especializar-se em uma esfera determinada de negócios ou um ramo industrial determinado a fim de pisar em terreno firme, os grandes bancos tendem a que as suas relações com os estabelecimentos industriais sejam o mais variadas possível, tanto do ponto de vista do lugar como do ponto de vista do gênero de produção: procuram eliminar a distribuição desigual do capital entre as diferentes zonas ou ramos da indústria, desigualdade que encontra sua explicação na história de diferentes estabelecimentos. [...] Uma tendência consiste em converter as relações com a indústria em um fenômeno de ordem geral; outra em torná-las sólidas e intensivas; ambas se encontram realizadas nos seis grandes bancos não de forma completa, mas em proporções consideráveis e grau igual.

Não raro, ouvem-se, da parte dos círculos industriais e comerciais, queixas contra o "terrorismo" dos bancos. E não surpreende que semelhantes queixas surjam quando os grandes bancos "comandam", como nos mostra o seguinte exemplo. Em 19 de novembro de 1901, um dos bancos berlinenses dos assim chamados bancos *D* (o nome dos quatro maiores bancos começa pela letra *d*) dirigiu ao conselho de administração do Sindicato do Cimento da Alemanha do Noroeste e do Centro a seguinte carta:

> Segundo a nota que tornaram pública em 18 deste mês no jornal tal, parece que devemos admitir a eventualidade de que a assembleia geral de seu sindicato, a ser celebrada em 30 do mês corrente, adote resoluções susceptíveis de determinar em sua empresa modificações que não podemos aceitar. Por isso,

---

[20] Artigo de Eugen Kaufmann sobre os bancos franceses, *Die Bank*, n. 2, 1909, p. 851 e seg.

lamentamos profundamente ver-nos obrigados a retirar-lhes o crédito de que até agora gozavam. [...] Porém, se a referida assembleia geral não tomar resoluções inaceitáveis para nós, e se nos derem garantias a esse respeito para o futuro, estamos dispostos a entabular negociações com vistas a abrir um novo crédito.[21]

Em essência, trata-se das mesmas queixas do pequeno capital relativamente ao jugo do grande, com a diferença de que, nesse caso, a categoria de "pequeno" corresponde a todo um sindicato! A velha luta entre o pequeno e o grande capital reproduz-se num novo e incomensuravelmente mais elevado patamar de desenvolvimento. É compreensível que, dispondo de bilhões, os grandes bancos possam também fazer avançar o progresso técnico por meios incomparavelmente superiores aos anteriores. Os bancos estabelecem, por exemplo, sociedades especiais de pesquisa técnica, cujos resultados só são utilizados, claro, pelas empresas industriais "amigas". Refere-se aqui à Sociedade para o Estudo da Questão das Ferrovias Elétricas, ao Gabinete Central de Pesquisas Técnico-Científicas etc.

Os próprios dirigentes dos grandes bancos não podem deixar de ver que estão surgindo novas condições na economia nacional, mas são impotentes diante delas. Diz Jeidels:

> Quem tiver observado nos últimos anos as mudanças de diretores e membros dos conselhos de administração dos grandes bancos terá notado que o poder passa paulatinamente para as mãos dos que pensam que o objetivo necessário, e cada vez mais vital, dos grandes bancos consiste em intervir ativamente no desenvolvimento geral da indústria; entre eles e os velhos diretores dos bancos surgem, por esse motivo, divergências no campo profissional, e com frequência no campo pessoal. Trata-se, no fundo, de saber se essa ingerência no processo industrial da produção não prejudica os bancos, na sua qualidade de instituições de crédito, se os princípios firmes e o lucro seguro não são sacrificados a uma atividade que não tem nada de comum com o papel de intermediário para a concessão de créditos, e que coloca os bancos num terreno em que se encontram ainda mais expostos do que antes ao domínio cego da conjuntura industrial. Assim afirmam muitos dos velhos diretores de bancos, enquanto a maioria dos jovens considera a intervenção ativa nos problemas da indústria

---

[21] Oskar Stillich, *Geld- und Bakwesen*, cit., p. 147.

uma necessidade semelhante à que fez nascer, junto com a grande indústria moderna, os grandes bancos e a recente empresa bancária industrial. A única coisa em que as duas partes estão de acordo é que não existem princípios firmes nem fins concretos para a nova atividade dos grandes bancos.²²

O velho capitalismo caducou. O novo é uma transição para outra coisa. Encontrar "princípios firmes e fins concretos" para a "conciliação" do monopólio com a livre concorrência é, evidentemente, uma causa perdida. O reconhecimento dos práticos soa de maneira muito diferente dos elogios do capitalismo "organizado"*, entoados por seus apologistas oficiais, tais como Schulze-Gaevernitz, Liefmann e outros "teóricos" similares.

Quanto ao momento que se refere ao estabelecimento definitivo da "nova atividade" dos grandes bancos, uma resposta bastante exata a essa importante questão encontramos justamente em Jeidels:

> As relações entre as empresas industriais, com o seu novo conteúdo, as suas novas formas e os seus novos órgãos, a saber, os grandes bancos organizados de um modo ao mesmo tempo centralizado e descentralizado, não se estabelecem, talvez, como fenômeno característico da economia nacional antes do último decênio do século XIX; em certo sentido, pode-se mesmo tomar como ponto de partida o ano 1897, com as suas grandes "fusões" de empresas, que implantaram pela primeira vez a nova forma de organização descentralizada, de acordo com a política industrial dos bancos. Esse ponto de partida pode talvez remontar mesmo a um período mais recente, pois só a crise de 1900 acelerou em proporções gigantescas o processo de concentração, tanto da indústria como da atividade bancária, consolidou, converteu pela primeira vez as relações com a

---

²² Otto Jeidels, *Das Verhältnis der deutschen Grossbanken zur Industrie*, cit., p. 183-94.

* A teoria do "capitalismo organizado", cujo caráter burguês apologético Lênin desmascara neste livro, apresenta o imperialismo como um capitalismo especial, reorganizado, do qual pretensamente teriam sido eliminadas a concorrência e a anarquia da produção, as crises econômicas, e no qual se realizaria o desenvolvimento planificado da economia nacional. A teoria do "capitalismo organizado", apresentada pelos ideólogos do capitalismo monopolista – Sombart, Liefmann e outros –, foi adotada pelos reformistas, Kautsky, Hilferding e outros teóricos da Segunda Internacional. Os atuais defensores do imperialismo criam numerosas variantes da teoria do capitalismo "organizado" ou "planificado", destinadas a enganar as massas populares e a embelezar o capitalismo monopolista. A vida demonstrou convincentemente a justeza da caracterização leninista do imperialismo: o domínio dos monopólios não elimina, antes agudiza a anarquia da produção, e não livra a economia capitalista das crises. (N. E. R.)

indústria num verdadeiro monopólio dos grandes bancos e deu a essas relações um caráter incomparavelmente mais estreito e mais intenso.[23]

Assim, o século XX é o ponto de inflexão do velho para o novo capitalismo, do domínio do capital em geral para o domínio do capital financeiro.

---

[23] Otto Jeidels, *Das Verhältnis der deutschen Grossbanken zur Industrie*, cit., p. 181.

III
CAPITAL FINANCEIRO E OLIGARQUIA FINANCEIRA

Escreve Hilferding:

> Uma parte cada vez maior do capital industrial não pertence aos industriais que o utilizam. Podem dispor do capital unicamente por intermédio do banco, que representa, para eles, os proprietários desse capital. Por outro lado, o banco também se vê obrigado a fixar na indústria uma parte cada vez maior do seu capital. Graças a isso, converte-se, em proporções crescentes, em capitalista industrial. Esse capital bancário – por conseguinte, capital sob a forma de dinheiro –, que por esse processo se transforma de fato em capital industrial, é aquilo a que chamo capital financeiro. [...] Capital financeiro é o capital que se encontra à disposição dos bancos e é utilizado pelos industriais.[1]

Essa definição não é completa na medida em que não indica um dos aspectos mais importantes: o aumento da concentração da produção e do capital em grau tão intenso conduz, e tem conduzido, ao monopólio. Mas em toda a exposição de Hilferding em geral, e em particular nos capítulos que precedem aquele do qual extraímos essa definição, sublinha-se o papel *dos monopólios capitalistas*.

Concentração da produção, monopólios que dela resultam, fusão ou junção dos bancos com a indústria: essa é a história do surgimento do capital financeiro e do conteúdo desse conceito.

Descreveremos agora como a "gestão" dos monopólios capitalistas se transforma inevitavelmente, nas condições gerais da produção mercantil e da propriedade privada, em domínio da oligarquia financeira. Assinalemos que representantes da ciência burguesa alemã – e não só da alemã –,

---

[1] Rudolf Hilferding, *Das Finanzkapital*, cit., p. 338-9.

tais como Riesser, Schulze-Gaevernitz, Liefmann etc., são todos apologistas do imperialismo e do capital financeiro. Eles não revelam, mas antes dissimulam e embelezam o "mecanismo" da formação das oligarquias, os seus processos, a importância dos seus rendimentos "lícitos e ilícitos", as suas relações com os parlamentos etc. etc. Desviam-se das "questões malditas" com frases altissonantes e obscuras, e apelos ao "sentimento de responsabilidade" dos diretores dos bancos; com elogios ao "sentimento do dever" dos funcionários prussianos; com análises sérias e pormenorizadas de projetos de lei nada sérios sobre a "inspeção" e a "regulamentação"; com jogos teóricos infantis, tais como a seguinte definição "científica" a que chegou o professor Liefmann: *O comércio é uma atividade profissional destinada a reunir bens, conservá-los e pô-los à disposição*[2] (em itálico e negrito na obra do professor)... Disso resulta que o comércio existiria entre os homens primitivos, que não conheciam ainda a troca, e também existirá na sociedade socialista!

Mas os monstruosos fatos relativos à monstruosa dominação da oligarquia financeira tanto saltam aos olhos que em todos os países capitalistas – na América, na França, na Alemanha – surgiu uma literatura que, embora adote o ponto de vista *burguês*, traça um quadro aproximadamente exato e faz uma crítica – pequeno-burguesa, é claro – da oligarquia financeira.

Há de se dedicar uma atenção primordial ao "sistema de participação", do qual já falamos sucintamente. Eis como descreve a essência do assunto o economista alemão Heymann, que foi um dos primeiros, se não o primeiro, a prestar-lhe atenção:

> O dirigente controla a sociedade fundamental [literalmente, a "sociedade-mãe"]; esta, por sua vez, exerce o domínio sobre as sociedades que dependem dela ("sociedades-filhas"); estas últimas, sobre as "sociedades-netas" etc. É possível, desse modo, sem possuir um capital muito grande, dominar ramos gigantescos da produção. Com efeito, se a posse de 50% do capital é sempre suficiente para controlar uma sociedade anônima, basta que o dirigente possua apenas 1 milhão para estar em condições de controlar 8 milhões do capital das

---

[2] Robert Liefmann, *Beteiligungs- und Finanzierungsgesellschaften*, cit., p. 476.

"sociedades-netas". E se esse "entrelaçamento" vai ainda mais longe, com 1 milhão é possível controlar 16 milhões, 32 milhões etc.[3]

Na verdade, a experiência demonstra que basta possuir 40% das ações para dirigir os negócios de uma sociedade por ações[4], pois uma determinada parte dos pequenos acionistas dispersos não tem na prática possibilidade alguma de assistir às assembleias gerais etc. A "democratização" da posse das ações, da qual os sofistas burgueses e os oportunistas "sociais-democratas" esperam (ou dizem que esperam) a "democratização do capital", o aumento do papel e da importância da pequena produção etc., é na realidade um dos modos de fortalecer o poder da oligarquia financeira. Por isso, entre outras coisas, nos países capitalistas mais adiantados ou mais antigos e "experientes", as leis autorizam a emissão de ações menores. Na Alemanha, a lei não permite ações inferiores ao total de mil marcos, e os magnatas das finanças alemães olham com inveja para a Inglaterra, onde a lei permite ações até de 1 libra esterlina (= 20 marcos, cerca de 10 rublos). Siemens, um dos grandes industriais e um dos "reis financistas" da Alemanha, declarou em 7 de junho de 1900, no Reichstag, que "a ação de 1 libra esterlina é a base do imperialismo britânico"[5]. Esse negociante tem uma concepção notavelmente mais profunda, mais "marxista" do que é o imperialismo do que certo escritor indecente que se considera fundador do marxismo russo* e supõe que o imperialismo é da natureza ruim de um determinado povo...

Mas o "sistema de participação" não serve apenas para aumentar em proporções gigantescas o poder dos monopolistas; ele permite, além disso, fechar impunemente toda a espécie de negócio obscuro e sujo, e roubar o público, pois os dirigentes das "sociedades-mães", formalmente, segundo a lei, não respondem pela "sociedade-filha", que é considerada "independente" e

---

[3] Hans Gideon Heymann, *Die gemischten Werke im deutschen Grosseisengewerbe*, cit., p. 268-9.
[4] Robert Liefmann, *Beteiligungs- und Finanzierungsgesellschaften*, cit., p. 258.
[5] Gerhard von Schulze-Gaevernitz, "Die deutsche Kreditbank", cit., p. 110.
* Lênin refere-se a Gueórgui Plekhánov. As declarações de Plekhánov sobre a questão do imperialismo estão contidas numa coletânea de artigos seus, *O войне/O voiné* [Acerca da guerra], editada em São Petersburgo (Petrogrado) durante a guerra. (N. E. R.)

pela qual se pode "fazer passar" *tudo*. Eis um exemplo tirado da revista alemã *Die Bank*, no número de maio de 1914:

> A Sociedade por Ações de Aço para Molas de Kassel era considerada há uns anos uma das empresas mais lucrativas da Alemanha. Em consequência da má administração, os dividendos caíram de 15% para 0%. Segundo se pôde comprovar depois, a administração, sem informar aos acionistas, havia feito um empréstimo de *6 milhões de marcos* a uma das suas "sociedades-filhas", a Hassia, cujo capital nominal era apenas de algumas centenas de milhares de marcos. Esse empréstimo, quase três vezes superior ao capital em ações da "sociedade-mãe", não figurava no balanço desta; juridicamente, tal silêncio estava perfeitamente de acordo com a lei e pôde durar dois anos inteiros, pois não infringia nem um único artigo da legislação comercial. O presidente do conselho de administração, a quem nessa qualidade incumbia a responsabilidade de assinar os balanços falsos, era e continua a ser presidente da Câmara de Comércio de Kassel. Os acionistas só se inteiraram desse empréstimo à Hassia muito tempo depois, quando se verificou que havia sido um erro [o autor deveria ter posto essa palavra entre aspas] [...] e quando as ações da Aço para Molas, em consequência da venda por aqueles que tinham conhecimento disso, tiveram uma queda de aproximadamente 100% no seu valor. [...]
>
> *Esse exemplo típico de malabarismo nos balanços, o mais comum nas sociedades por ações*, explica-nos por que motivo os conselhos de administração empreendem negócios arriscados com muito mais facilidade do que os empresários particulares. A técnica mais recente de elaboração dos balanços não só lhes oferece a possibilidade de ocultar a operação arriscada ao acionista médio, como permite mesmo aos principais interessados livrarem-se da responsabilidade mediante a venda oportuna das suas ações no caso de a experiência fracassar, ao passo que o negociante particular arrisca a sua pele em tudo que faz. [...]
>
> Os balanços de muitas sociedades por ações se parecem com os palimpsestos da Idade Média, nos quais era preciso primeiro apagar o que estava escrito para descobrir sinais que haviam sido escritos por baixo e representavam o conteúdo real do documento. [O palimpsesto era um pergaminho no qual o manuscrito principal era apagado para se escrever outro sobre o que havia sido apagado.]
>
> O meio mais simples e por isso mais comumente utilizado para tornar um balanço impenetrável consiste em dividir uma empresa em várias partes por meio da criação de "sociedades-filhas" ou a incorporação de estabelecimentos do mesmo gênero. As vantagens desse sistema, do ponto de vista dos diversos fins –

legais e ilegais –, são tão evidentes que, na atualidade, as grandes sociedades que não o adotam constituem uma verdadeira exceção.[6]

Como exemplo de grande empresa monopolista que aplica, da mais ampla maneira, o referido sistema, o autor cita a famosa Sociedade Geral de Eletricidade (AEG, da qual trataremos mais adiante). Em 1912, calculava-se que essa sociedade participava de outras *175 a 200*, dominando-as, é evidente, e controlando assim um capital total de cerca de *1,5 bilhão de marcos*[7].

Nenhuma regra de controle, de publicação de balanços, de estabelecimento de esquemas precisos para eles, de instituição de inspeção etc. com que os professores e funcionários bem-intencionados – ou seja, aqueles que têm a boa intenção de defender e embelezar o capitalismo – distraem a atenção do público pode ter aqui nenhum significado. Isso porque a propriedade privada é sagrada, e ninguém pode proibir de se comprar, vender, permutar, hipotecar ações etc.

Podem-se avaliar as proporções que o "sistema de participação" alcançou nos grandes bancos russos pelos dados fornecidos por E. Agahd, que durante quinze anos foi empregado do Banco Russo-Chinês e em maio de 1914 publicou uma obra com o título, não de todo exato, *Os grandes bancos e o mercado mundial*[8]. O autor divide os grandes bancos russos em dois grupos fundamentais: a) os que funcionam segundo o "sistema de participação", e b) os "independentes", entendendo, contudo, arbitrariamente por "independência" a independência em relação aos bancos *estrangeiros*. O autor divide o primeiro grupo em três subgrupos: 1) participação alemã, 2) inglesa e 3) francesa, tendo em vista a "participação" e o domínio dos grandes bancos estrangeiros de nacionalidade correspondente. Divide os capitais dos bancos em capitais de investimento "produtivo" (no comércio e na indústria) e investimento "especulativo" (nas operações acionárias e financeiras), supondo, de acordo com o seu característico ponto de vista pequeno-burguês

---

[6] Ludwig Eschwege, "Tochtergesellschaften", *Die Bank*, n. 1, 1914, p. 545.
[7] Kurt Heinig, "Der Weg des Elektrotrusts", *Neue Zeit*, n. 30, ano 2, 1912, p. 484.
[8] Ernst Agahd, *Grossbanken und Weltmarkt. Die wirtschaftliche und politische Bedeutung der Grossbanken im Weltmarkt unter Berücksichtigung ihres Einflusses auf Russlands Volkswirtschaft und die deutsch-russischen Beziehungen* (Berlim, Haude & Spener, 1914).

reformista, que seria possível, mantendo-se o capitalismo, separar o primeiro tipo de investimento do segundo e suprimir o segundo tipo.

Os dados do autor são os seguintes:

Ativos dos bancos
(segundo os balanços de outubro-novembro de 1913) em milhões de rublos

Grupos de bancos russos	Capital investido		
	produtivamente	especulativamente	Total
a1) 4 bancos: Comercial Siberiano, Russo, Internacional e de Desconto	413,7	859,1	1.272,8
a2) 2 bancos: Comercial-Industrial e Russo-Inglês	239,3	169,1	408,4
a3) 5 bancos: Russo-Asiático, Privado de São Petersburgo, Azov-Don, União de Moscou, Russo-Francês de Comércio	711,8	661,2	1.373,0
(11 bancos) Total a) =	1.364,8	1.689,4	3.054,2
b) 8 bancos: Comerciantes de Moscou, Volga-Kama, Junker & Cia., Comercial de São Petersburgo (ant. Wawelberg), de Moscou (ant. Riabuchínski), de Desconto de Moscou, Banco Comercial de Moscou e Privado de Moscou	504,2	391,1	895,3
(19 bancos) Total =	1.869,0	2.080,5	3.949,5

Segundo esses dados, do total aproximado de 4 bilhões de rublos que constituem o capital "ativo" dos grandes bancos, *mais* de três quartos, mais de 3 bilhões, correspondem à fração dos bancos que, em essência, representam as "sociedades-filhas" dos bancos estrangeiros e, em primeiro lugar, dos parisienses (o famoso trio: União Parisiense, Banco de Paris e Países Baixos e Sociedade Geral) e dos berlinenses (em especial o Banco Alemão e a Sociedade de Desconto). Dois dos maiores bancos russos, o Russo (Banco Russo para o Comércio Exterior) e o Internacional (Banco Comercial Internacional de São Petersburgo), aumentaram seus capitais, no período compreendido entre 1906 e 1912, de 44 milhões para 98 milhões de rublos, e os fundos de reserva de 15 milhões para 39 milhões, "trabalhando com três quartos de capitais alemães"; o primeiro banco pertence ao "consórcio" do Banco Alemão de Berlim; o segundo, à Sociedade de Desconto. O bom Agahd se indigna profundamente que os bancos berlinenses tenham em suas mãos a maioria das ações e, por isso, os acionistas russos sejam impotentes. E, evidentemente, o país que exporta capitais fica com a nata: por exemplo, o Banco Alemão de Berlim, encarregado de vender em Berlim as ações do Banco Comercial Siberiano, manteve-as durante um ano em carteira, e depois vendeu-as a 193%, isto é, quase o dobro, "obtendo" um lucro de cerca de 6 milhões de rublos, que Hilferding qualifica de "lucro de constituição".

O autor calcula em 8.235 milhões de rublos, isto é, quase 8,25 bilhões, a "potência" total dos maiores bancos petersburgueses, e a "participação", ou melhor, o domínio dos bancos estrangeiros, distribui-se assim: bancos franceses: 55%; ingleses: 10%; alemães: 35%. Desse total de 8.235 milhões, 3.687 milhões de capital ativo, isto é, mais de 40%, correspondem, segundo os cálculos do autor, aos sindicatos Prodúgol e Prodamet* e aos sindicatos do petróleo, da metalurgia e do cimento. Portanto, a fusão do capital bancário e industrial, derivada da formação dos monopólios capitalistas, deu também na Rússia passos gigantescos adiante.

O capital financeiro, concentrado em poucas mãos e valendo-se do monopólio efetivo, obtém um lucro enorme, que aumenta sem cessar com a constituição de sociedades, emissão de valores, empréstimos do Estado etc., consolidando a dominação da oligarquia financeira e impondo a toda a sociedade um tributo em proveito dos monopolistas. Eis um dos incontáveis exemplos dos métodos de "administração" dos trustes estadunidenses, citado por Hilferding: em 1887, Havemeyer constituiu o truste do açúcar mediante a fusão de quinze pequenas companhias, cujo capital total era de 6,5 milhões de dólares. Devidamente "aguado", segundo a expressão estadunidense, o capital do truste foi fixado em 50 milhões de dólares. A "recapitalização" contava de antemão com os futuros lucros monopolistas, do mesmo modo que o truste do aço – também nos Estados Unidos – contava com os futuros

---

* Prodúgol: Sociedade Russa de Comércio do Combustível Mineral da Bacia do Donetz, foi fundada em 1900. Prodamet: Sociedade para a Venda de Artigos das Fábricas Metalúrgicas Russas, foi fundada em 1901. (N. E. P.)

lucros monopolistas ao adquirir cada vez mais jazidas de minério de ferro. E, de fato, o truste do açúcar fixou preços monopolistas e recebeu lucros tais que pôde pagar um dividendo de 10% ao capital *sete vezes* "aguado", ou seja, *quase 70% sobre o capital realmente investido no momento da constituição do truste!* Em 1909, o capital do truste era de 90 milhões de dólares. Em 22 anos, o capital multiplicou-se mais de dez vezes.

Na França, o domínio da "oligarquia financeira" (*Contra a oligarquia financeira na França* é o título do conhecido livro de Lysis, cuja quinta edição saiu em 1908) adotou apenas uma forma um pouco diferente. Os quatro bancos mais importantes gozam não de um monopólio relativo, mas "do monopólio absoluto" na emissão de títulos. De fato, trata-se de um "truste dos grandes bancos". E o monopólio garante os lucros monopolistas das emissões. Com os empréstimos, o país que os negocia não recebe geralmente mais do que 90% do total; os 10% restantes vão para os bancos e demais intermediários. O lucro dos bancos no empréstimo russo-chinês de 400 milhões de francos foi de 8%; no russo de 800 milhões (1904) foi de 10%; no marroquino de 62,5 milhões (1904) foi de 18,75%. O capitalismo, que iniciou o seu desenvolvimento com o pequeno capital usurário, finaliza seu desenvolvimento com um capital usurário gigantesco. "Os franceses são os usurários da Europa", diz Lysis. Todas as condições da vida econômica sofrem uma modificação profunda por força dessa degeneração do capitalismo. Num estado de estagnação da população, da indústria, do comércio e dos transportes marítimos, o "país" pode enriquecer por meio das operações usurárias. "Cinquenta pessoas, representando um capital de 8 milhões de francos, podem dispor de *2 bilhões* depositados em quatro bancos." O sistema de "participação" que já conhecemos conduz às mesmas consequências: um dos bancos mais importantes, a Sociedade Geral (Société Générale), emitiu 64 mil obrigações da "sociedade-filha", as Refinarias de Açúcar do Egito. O curso da emissão era de 150%, ou seja, o banco ganhava 50 copeques por rublo. Os dividendos dessa sociedade revelaram-se fictícios, o "público" perdeu de 90 milhões a 100 milhões de francos; "um dos diretores da Sociedade Geral era membro do conselho de administração das Refinarias". Não surpreende que o autor seja obrigado a chegar à seguinte conclusão: "A

República francesa é uma monarquia financeira"; "domínio geral da oligarquia financeira; sua apropriação da imprensa e do governo"[9].

A lucratividade excepcionalmente alta propiciada pela emissão de títulos, como uma das principais operações do capital financeiro, desempenha um papel importante no desenvolvimento e na consolidação da oligarquia financeira. "No interior do país não há nenhum negócio que dê, nem aproximadamente, um lucro tão elevado como servir de intermediário para a emissão de empréstimos estrangeiros", diz a revista alemã *Die Bank*[10].

"Não há nenhuma operação bancária que produza lucros tão elevados como as emissões." Na emissão de valores das empresas industriais, segundo os dados da *Deutsche Ökonomist**, o lucro médio anual foi o seguinte:

1895	38,6%	1898	67,7%
1896	36,1%	1899	66,9%
1897	66,7%	1900	55,2%

"Em dez anos, de 1891 a 1900, a emissão de valores industriais alemães produziu um lucro *superior a 1 bilhão*."[11]

Se os lucros do capital financeiro são desmedidos nos períodos de ascensão industrial, nos períodos de depressão arruínam-se as pequenas empresas e as empresas frágeis, enquanto os grandes bancos "participam" de sua aquisição a preço baixo ou de seu lucrativo "saneamento" e "reorganização". Com o "saneamento" das empresas deficitárias, "o capital acionista sofre uma baixa, isto é, os lucros são distribuídos sobre um capital menor, e calculam-se depois com base nesse capital. Ou, se o rendimento fica reduzido a zero, incorpora-se novo capital que, ao unir-se com o antigo capital, menos lucrativo, produz já um lucro suficiente". "Convém dizer",

---

[9] Lysis, *Contre l'oligarchie financière en France* (5. ed., Paris, Albin Michel, 1908), p. 11, 12, 26, 39, 40 e 48.

[10] *Die Bank*, n. 7, 1913, p. 630.

* *Deutsche Ökonomist* [Economista Alemão]: revista publicada em Berlim de 1883 a 1935. (N. E. P.)

[11] Oskar Stillich, *Geld- und Bakwesen*, cit., p. 143; e Werner Sombart, *Die deutsch Volkswirtschaft im 19. Jahrhundert* (2. ed., Berlim, Bondi, 1909), apêndice 8, p. 526.

acrescenta Hilferding, "que todos esses saneamentos e reorganizações têm uma dupla importância para os bancos: primeiro como operação lucrativa, e segundo como ocasião propícia para colocar sob a sua dependência essas sociedades necessitadas."[12]

Eis um exemplo: o da sociedade mineradora por ações Union, de Dortmund, fundada em 1872. Foi emitido um capital acionista de cerca de 40 milhões de marcos e, quando se recebeu no primeiro ano um dividendo de 12%, o curso elevou-se a 170%. O capital financeiro ficou com a nata, embolsando a bagatela de uns 28 milhões de marcos. Com a fundação dessa sociedade, o papel principal foi desempenhado por esse mesmo grande banco alemão, a Sociedade de Desconto, que alcançou, com sucesso, um capital de 300 milhões de marcos. Os dividendos da Union caíram até desaparecer. Os acionistas tiveram de concordar com a "liquidação" do capital, ou seja, com a perda de uma parte dele para não perder tudo. Como resultado de uma série de "saneamentos", desapareceram dos livros da Union, no decorrer de trinta anos, mais de 73 milhões de marcos. "Atualmente, os acionistas fundadores dessa sociedade têm nas suas mãos apenas 5% do valor nominal das suas ações"[13]; e a cada novo "saneamento" os bancos continuaram a "ganhar alguma coisa".

Uma das operações particularmente lucrativas do capital financeiro é a especulação com terrenos situados nos subúrbios das grandes cidades que crescem rapidamente. O monopólio dos bancos funde-se aqui com o monopólio da renda da terra e com o monopólio das vias de comunicação, pois o aumento do preço dos terrenos, a possibilidade de os vender vantajosamente em parcelas etc., dependem, antes de mais nada, das boas vias de comunicação com o centro da cidade, e essas vias se encontram nas mãos das grandes companhias, ligadas a esses mesmos bancos pelo sistema de participação e distribuição de cargos diretivos. Disso resulta o que o autor alemão e colaborador da revista *Die Bank*, L. Eschwege, que estudou em especial as

---

[12] Rudolf Hilferding, *Das Finanzkapital*, cit., p. 172.
[13] Oskar Stillich, *Geld- und Bakwesen*, cit., p. 138; Robert Liefmann, *Beteiligungs- und Finanzierungsgesellschaften*, cit., p. 51.

operações de comércio e hipoteca de terrenos etc., qualifica de "pântano": a especulação desenfreada dos terrenos dos subúrbios das cidades, a falência das empresas de construção, como, por exemplo, a firma berlinense Boswau & Knauer, que embolsou a elevada quantia de 100 milhões de marcos por intermédio do banco "mais sólido e respeitável", o Banco Alemão, que, naturalmente, atuava segundo o sistema de "participação", ou seja, em segredo, pelas costas, e livrou-se da situação, perdendo "apenas" 12 milhões de marcos; em seguida, a ruína dos pequenos proprietários e dos operários, que não recebem nem um centavo das falsas empresas de construção; as negociatas fraudulentas com a "honrada" polícia berlinense e com a administração urbana para tomar em suas mãos o controle do serviço de informação sobre os terrenos e as autorizações do município para construir etc. etc.[14]

Os "costumes estadunidenses", de que tão hipocritamente se queixam os professores europeus e os burgueses bem-intencionados, transformaram-se, na época do capital financeiro, em costumes de absolutamente toda cidade grande de qualquer país.

Em Berlim, em princípios de 1914, falava-se da fundação de um "truste dos transportes", ou seja, de uma "comunidade de interesses" das três empresas berlinenses de transportes: as ferrovias elétricas urbanas, a sociedade de trens e a de ônibus. Diz a revista *Die Bank*:

> Que semelhante propósito existe, já o sabíamos desde que se tornou conhecido que a maioria das ações da sociedade de ônibus passou para as mãos de outras duas sociedades de transportes. [...] Podemos acreditar inteiramente nos que visam a esse objetivo quando afirmam que, pela regulação uniforme dos transportes, esperam obter economias, de uma parte das quais, no fim de contas, o público poderia se beneficiar. Mas a questão complica-se em virtude de, por detrás desse truste em formação dos transportes, estarem os bancos, que, se quiserem, podem subordinar as vias de comunicação que monopolizam aos interesses do seu tráfico de terrenos. Para nos convencermos do bom fundamento dessa suposição, basta recordar que, ao ser fundada a sociedade das ferrovias elétricas urbanas, já se encontravam ligados a ela os interesses do grande banco que patrocinou esse empreendimento. A saber: os interesses da referida empresa

---

[14] *Die Bank*, n. 8, 1913, p. 952; Ludwig Eschwege, "Der Sumpf", *Die Bank*, n. 1, 1912, p. 223 e seg.

de transportes entrelaçavam-se com os do tráfico de terrenos. O cerne da questão era que a linha oriental da referida ferrovia devia passar por terrenos que mais tarde, quando a construção da ferrovia já estava assegurada, o banco vendeu com enorme lucro para si e para algumas pessoas que intervieram no negócio.[15]

O monopólio, uma vez que foi constituído e controla bilhões, penetra de maneira absolutamente inevitável em *todos* os aspectos da vida social, independentemente do regime político e de qualquer outra "particularidade". Na literatura econômica alemã, são habituais os elogios servis à honestidade dos funcionários prussianos, com acenos ao Panamá francês* ou à venalidade política estadunidense. Mas o fato é que *até* as publicações burguesas consagradas aos assuntos bancários da Alemanha são constantemente obrigadas a sair dos limites das operações puramente bancárias e a escrever, por exemplo, sobre "a aspiração a entrar nos bancos", a propósito dos casos, cada vez mais frequentes, de funcionários que passam para o serviço dos bancos. "Que se pode dizer da incorruptibilidade do funcionário do Estado cuja secreta aspiração consiste em encontrar uma sinecura na Behrenstrasse?"[16] (Rua de Berlim onde se encontra a sede do Banco Alemão.) Alfred Lansburgh, editor da revista *Die Bank*, escreveu em 1909 um artigo intitulado "O significado econômico do bizantinismo", a respeito, entre outras coisas, da viagem de Guilherme II à Palestina e do "resultado direto dessa viagem, a construção da ferrovia de Bagdá, essa fatal 'grande obra do espírito empreendedor alemão', que é mais culpada do nosso 'cerco' do que todos os nossos pecados políticos juntos"[17]. (Por "cerco" entende-se a política de Eduardo VII, que visava isolar a Alemanha e rodeá-la de uma aliança imperialista antialemã.) Eschwege, colaborador dessa mesma revista e referido anteriormente, escreveu em 1911 um artigo intitulado "A plutocracia e os funcionários", no qual denunciava, por exemplo, o caso do funcionário alemão Völker, que

---

[15] "Verkehrstrust", *Die Bank*, n. 1, 1914, p. 89.

* Expressão surgida a propósito da revelação na França, em 1892-1893, dos enormes abusos e da corrupção de políticos e estadistas, funcionários e jornais, subornados pela companhia francesa criada para a construção do Canal do Panamá. (N. E. R.)

[16] "Der Zug zur Bank", *Die Bank*, n. 1, 1909, p. 79.

[17] Ibidem, p. 301.

era membro da comissão de cartéis e se distinguia pela energia, mas pouco tempo depois ocupou um cargo lucrativo no cartel mais importante, o sindicato do aço. Semelhantes casos, que não são de modo algum casuais, obrigaram esse mesmo escritor burguês a reconhecer que "a liberdade econômica garantida pela Constituição alemã se converteu, em muitas esferas da vida econômica, numa frase sem sentido" e que, com a dominação a que chegou a plutocracia, "nem a liberdade política mais ampla nos pode salvar de nos convertermos num povo de pessoas privadas de liberdade"[18].

Já no que se refere à Rússia, vamos nos limitar a um exemplo: há alguns anos, todos os jornais deram a notícia de que Davídov, diretor do Departamento de Crédito, abandonava o seu cargo nesse organismo do Estado para ocupar um posto em um grande banco, com um salário que, ao fim de alguns anos, deveria representar, segundo o contrato, uma soma de mais de 1 milhão de rublos. O Departamento de Crédito é uma instituição destinada a "unificar a atividade de todos os estabelecimentos de crédito do Estado", e que fornece subsídios aos bancos da capital no valor de 800 milhões a 1 bilhão de rublos[19].

O capitalismo em geral é caracterizado por separar a propriedade do capital da aplicação do capital à produção, separar o capital monetário do industrial ou produtivo, separar o rentista, que vive apenas dos rendimentos provenientes do capital monetário, do empresário e de todas as pessoas que participam diretamente da gestão do capital. O imperialismo, ou o domínio do capital financeiro, é um patamar superior do capitalismo em que essa separação adquire proporções imensas. O predomínio do capital financeiro sobre todas as demais formas do capital denota uma posição dominante do rentista e da oligarquia financeira, significa o destacamento de poucos Estados detentores de "potência" financeira em relação a todos os demais. Em que dimensões esse processo se dá, é possível julgar a partir dos dados estatísticos das emissões, ou seja, a saída de todos os tipos de títulos.

---

[18] *Die Bank*, n. 2, 1911, p. 825; *Die Bank*, n. 2, 1913, p. 962.
[19] Ernst Agahd, *Grossbanken und Weltmarkt*, cit., p. 202.

No *Boletim do Instituto Internacional de Estatística*, A. Neymarck[20] publicou dados mais pormenorizados, completos e susceptíveis de comparação sobre as emissões em todo o mundo, os quais depois foram reproduzidos muitas vezes parcialmente nas publicações econômicas*. Eis os dados correspondentes a quatro decênios:

Total das emissões (em bilhões de francos a cada dez anos)

1871-1880 76,1
1881-1890 64,5
1891-1900 100,4
1901-1910 197,8

Na década de 1870, a soma das emissões aparece elevada em todo o mundo, particularmente em razão dos empréstimos relacionados à guerra franco-prussiana e ao Gründerzeit que se lhe seguiu na Alemanha. Em geral e de conjunto, o aumento é relativamente lento nos três últimos decênios do século XIX, e só no primeiro decênio do século XX sofre um enorme aumento, quase duplicando em dez anos. O início do século XX constitui, portanto, uma época de virada, não só do ponto de vista do crescimento dos monopólios (cartéis, sindicatos, trustes), de que já falamos, mas também do ponto de vista do crescimento do capital financeiro.

O total de títulos emitidos no mundo em 1910, segundo os cálculos de Neymarck, era de cerca de 815 bilhões de francos. Deduzindo de modo aproximado as repetições, ele reduz essa quantia a 575 bilhões ou 600 bilhões. Eis a distribuição por país (com base no número de 600 bilhões):

---

[20] Alfred Neymarck, "La Statistique internationale des valeurs mobilières", *Bulletin de l'Institut International de Statistique*, La Haye, Stockum & Fils, 1912, v. 19, Livro 2, p. 201-25. Os dados sobre os Estados pequenos (segunda tabela) foram tomados mais ou menos de acordo com as normas de 1902 e aumentados em cerca de 20%.

* Os materiais preparatórios para o livro *Imperialismo, estágio superior do capitalismo*, contidos nos "Cadernos sobre o imperialismo", refletem o enorme trabalho de Lênin no estudo, na verificação e na análise científica do extenso material factual, resumindo e agrupando dados estatísticos. Assim, os dados sobre emissões em todo o mundo e distribuição de títulos de valores por países citados por Alfred Neymarck em "La Statistique internationale des valeurs mobilières", cit., Lênin os compara e verifica com os dados que Walter Zollinger cita no trabalho *Die Bilanz der internationalen Wertübertragungen* e faz seus próprios cálculos. (N. E. R.)

Total dos títulos em 1910 (em bilhões de francos)

Inglaterra	142	⎫
Estados Unidos	132	⎬ 479
França	110	⎬
Alemanha	95	⎭
Rússia	31	
Áustria-Hungria	24	
Itália	14	
Japão	12	
Holanda	12,5	
Bélgica	7,5	
Espanha	7,5	
Suíça	6,25	
Dinamarca	3,75	
Suécia, Noruega, Romênia e outros	2,5	
Total	600	

A partir desses dados, vê-se imediatamente com que força se destacam os quatro países capitalistas mais ricos, que possuem aproximadamente de 100 bilhões a 150 bilhões de francos em títulos. Desses quatro países, dois são os países capitalistas mais antigos e, como veremos, os mais ricos em colônias: Inglaterra e França. Os outros dois são países capitalistas avançados pela rapidez de desenvolvimento e pelo grau de difusão dos monopólios capitalistas na produção: Estados Unidos e Alemanha. Juntos, esses quatro países têm 479 bilhões de francos, isto é, quase 80% do capital financeiro mundial. Quase todo o resto do mundo desempenha, de uma forma ou de outra, o papel de devedor e tributário desses países – os banqueiros internacionais, os quatro "pilares" do capital financeiro mundial.

Convém nos determos especialmente no papel que desempenha a exportação de capital na criação de uma rede internacional de dependências e conexões do capital financeiro.

IV
A EXPORTAÇÃO DE CAPITAL

Para o antigo capitalismo, com o pleno domínio da livre concorrência, era típica a exportação de *mercadorias*. Para o capitalismo mais recente, com o domínio do monopólio, tornou-se típica a exportação de *capital*.

O capitalismo é a produção de mercadorias em um patamar superior de seu desenvolvimento, quando também a força de trabalho se transforma em mercadoria. O crescimento da troca, tanto no interior de um país como, sobretudo, no campo internacional, é uma característica distintiva do capitalismo. Desigualdade e saltos no desenvolvimento das diferentes empresas, dos distintos setores da indústria, dos diferentes países são inevitáveis sob o capitalismo. Primeiramente, a Inglaterra se tornou, antes dos outros, um país capitalista, e em meados do século XIX, ao implantar o livre comércio, pleiteou o papel de "oficina de todo o mundo", o fornecedor de artigos manufaturados para todos os países, que em troca deveriam fornecer-lhe as matérias-primas. Mas *esse* monopólio da Inglaterra perdeu força já no último quartel do século XIX, pois alguns outros países, defendendo-se por meio de direitos alfandegários "protecionistas", haviam se desenvolvido em Estados capitalistas independentes. No limiar do século XX assistimos à formação de monopólios de outro tipo: primeiro, uniões monopolistas de capitalistas em todos os países de capitalismo desenvolvido; segundo, situação monopolista de uns poucos países riquíssimos, nos quais a acumulação do capital alcançou proporções gigantescas. Constituiu-se um enorme "excedente de capital" nos países avançados.

É evidente que se o capitalismo tivesse sido capaz de desenvolver a agricultura, que agora se encontra em toda parte terrivelmente atrasada em relação à indústria, se tivesse sido capaz de elevar o nível de vida das massas da população, a qual permanece, apesar do vertiginoso progresso da técnica, em uma vida de subalimentação e miséria, não haveria motivo para se falar de um excedente de capital. E tal "argumento" é constantemente apresentado pelos críticos pequeno-burgueses do capitalismo. Mas então o capitalismo deixaria de ser capitalismo, pois a desigualdade no desenvolvimento e o nível de subalimentação das massas são as condições e as premissas basilares, inevitáveis, desse modo de produção. Enquanto o capitalismo permanecer capitalismo, o excedente de capital dirige-se não à elevação do nível de vida das massas de um dado país, pois isso significaria a diminuição dos lucros dos capitalistas, mas ao aumento desses lucros por meio da exportação de capital para o estrangeiro, para os países atrasados. Nesses países atrasados, o lucro é em geral elevado, pois os capitais são escassos, o preço da terra e os salários são relativamente baixos e as matérias-primas são baratas. A possibilidade da exportação de capital é criada pelo fato de uma série de países atrasados ter sido já incorporada na circulação do capitalismo mundial, terem sido construídas as principais ferrovias, ou iniciada a sua construção, terem sido asseguradas as condições elementares para o desenvolvimento da indústria etc. A necessidade da exportação de capital obedece ao fato de que, em alguns países, o capitalismo "amadureceu demais", e o capital (nas condições do insuficiente desenvolvimento da agricultura e da miséria das massas) carece de campo para a sua colocação "lucrativa". Eis dados aproximados sobre o volume de capitais investidos no estrangeiro pelos três países mais importantes[1]:

---

[1] John A. Hobson, *Imperialism*, cit., p. 58; Jacob Riesser, *Die deutschen Grossbanken und ihre Konzentration im Zusammenhang mit der Entwicklung der Gesamtwirtschaft in Deutschand*, cit., p. 395 e 404; Paul Arndt, "Die Kapitalkraft Frankreichs", *Weltwirtschaftliches Archiv*, v. 7, 1916, p. 35; Alfred Neymarck, "La Statistique internationale des valeurs mobilières", cit.; Rudolf Hilferding, *Das Finanzkapital*, cit., p. 492; Lloyd George, discurso na Câmara dos Comuns em 4 de maio de 1915, *Daily Telegraph*, 5 maio 1915; Bernhard Harms, *Probleme der Weltwirtschaft* (Jena, Fischer, 1912), p. 235 e seg.; dr. Sigmund Schilder, *Entwicklungstendenzen der Weltwirtschaft*, v. 1 (Berlim, Fischer, 1912), p. 150; George Paish, "Great Britain's Capital Investments in Individual Colonial and Foreign Countries", *Journal of the Royal Statistical Society*, v. 74, 1910-1911, p. 167 e seg.; Georges Diouritch, *L'Expansion des banques allemandes à l'étranger: ses rapports avec le développement économique de l'Allemagne* (tese, Paris, Rousseau, 1909), p. 84.

**Capital investido no estrangeiro
(em bilhões de francos)**

	Inglaterra	França	Alemanha
1862	3,6	—	—
1872	15	10 (1869)	—
1882	22	15 (1880)	?
1893	42	20 (1890)	?
1902	62	27-37	12,5
1914	75-100	60	44

Vemos aqui que a exportação de capital só atinge um desenvolvimento gigantesco em princípios do século XX. Antes da guerra, o capital investido no estrangeiro pelos três principais países era de 175 bilhões a 200 bilhões de francos. O rendimento dessa quantia, tomando-se como base a modesta taxa de 5%, deve atingir de 8 bilhões a 10 bilhões de francos anuais. Uma sólida base para a opressão e a exploração imperialistas da maioria das nações e dos países do mundo, para o parasitismo capitalista de um punhado de Estados riquíssimos!

Como se distribui entre os diferentes países esse capital investido no estrangeiro? *Onde* está colocado? A essas perguntas, pode-se oferecer somente uma resposta aproximada, a qual, no entanto, pode esclarecer algumas relações e laços gerais do imperialismo contemporâneo:

Partes do mundo entre as quais estão distribuídos (aproximadamente) os capitais investidos no estrangeiro (por volta de 1910)

	Inglaterra	França	Alemanha	Total
	(em bilhões de marcos)			
Europa	4	23	18	45
América	37	4	10	51
Ásia, África e Austrália	29	8	7	44
Total	70	35	35	140

No que se refere à Inglaterra, aparecem em primeiro plano as suas posses coloniais, que são muito grandes também na América (por exemplo, o Canadá), sem falar da Ásia, entre outros. A gigantesca exportação de capital encontra-se estreitamente relacionada às gigantescas colônias, de cujo significado para o imperialismo voltaremos a falar mais adiante. Caso diferente é o da França. Aqui, o capital colocado no estrangeiro encontra-se investido principalmente na Europa e, acima de tudo, na Rússia (10 bilhões de francos pelo menos), com a particularidade de que se trata sobretudo de capital de *empréstimo*, de empréstimos do Estado e não de capital investido em empresas industriais. Diferentemente do imperialismo inglês, colonial, o imperialismo francês pode ser denominado usurário. A Alemanha oferece uma terceira variedade: suas colônias não são grandes, e o capital colocado no estrangeiro está investido em proporções mais equilibradas entre a Europa e a América.

A exportação de capital tem influência sobre o desenvolvimento do capitalismo nos países aos quais ela se direciona, acelerando-o extraordinariamente. Se, por isso, a referida exportação pode, até determinado grau, ocasionar uma estagnação do desenvolvimento nos países exportadores, isso só pode ocorrer à custa da expansão e do aprofundamento do desenvolvimento do capitalismo em todo o mundo.

Os países que exportam capital podem quase sempre obter certas "vantagens" cujo caráter lança luz sobre as peculiaridades da época do capital financeiro e dos monopólios. Eis, por exemplo, o que escreveu em outubro de 1913 a revista berlinense *Die Bank*:

> No mercado internacional de capitais, tem-se representado uma comédia digna de um Aristófanes. Uma série de Estados, da Espanha aos Balcãs, da Rússia à Argentina, ao Brasil e à China, apresenta-se, aberta ou veladamente, perante os grandes mercados monetários, exigindo, por vezes com extraordinária insistência, a concessão de empréstimos. Os mercados monetários não se encontram atualmente numa situação muito brilhante, e as perspectivas políticas não são animadoras. Mas nenhum dos mercados monetários se decide a negar um empréstimo, com receio de que o vizinho se adiante, conceda-o e, ao mesmo tempo, obtenha certos serviços em troca do serviço que presta. Nas transações internacionais desse tipo, o credor obtém quase sempre algo em proveito

próprio: um favor no tratado de comércio, uma estação carvoeira, a construção de um porto, uma concessão lucrativa ou uma encomenda de canhões.[2]

O capital financeiro criou a época dos monopólios. E os monopólios trazem sempre consigo os princípios monopolistas: a utilização das "relações" para as negociações vantajosas ocupa o lugar da concorrência no mercado aberto. A coisa mais comum: como condição do empréstimo estabelece-se o gasto de parte dele na compra de produtos do país credor, sobretudo armamentos, barcos etc. A França recorreu frequentemente a esse método no curso das duas últimas décadas (1890-1910). A exportação de capital torna-se um método para estimular a exportação de mercadorias. As negociações, especialmente entre as grandes empresas, ocorrem de tal modo que beiram – como expressou de maneira "suave" Schilder[3] – "a fronteira do suborno". Krupp, na Alemanha, Schneider, na França, e Armstrong, na Inglaterra, constituem outros tantos modelos de firmas intimamente ligadas aos gigantescos bancos e aos governos das quais é difícil "prescindir" ao se fechar um empréstimo.

A França, ao conceder empréstimos à Rússia, "impôs-lhe", no tratado de comércio de 16 de setembro de 1905, certas concessões válidas até 1917; o mesmo se pode dizer do tratado comercial firmado em 19 de agosto de 1911 com o Japão. A guerra alfandegária entre a Áustria e a Sérvia, que se prolongou, com um intervalo de sete meses, de 1906 a 1911, foi devida em parte à concorrência entre a Áustria e a França no fornecimento de suprimentos militares à Sérvia. Paul Deschanel declarou no Parlamento, em janeiro de 1912, que entre 1908 e 1911 as empresas francesas forneceram suprimentos militares à Sérvia no valor de 45 milhões de francos.

Num relatório do cônsul austro-húngaro em São Paulo (Brasil) diz-se: "A construção das ferrovias brasileiras realiza-se, na sua maior parte, com capitais franceses, belgas, britânicos e alemães; esses países, com operações financeiras relacionadas à construção de ferrovias, reservam-se as encomendas de materiais de construção ferroviária".

---

[2] *Die Bank*, n. 2, 1913, p. 1.024-5.
[3] Sigmund Schilder, *Entwicklungstendenzen der Weltwirtschaft*, cit., p. 346, 350 e 371.

Dessa maneira, o capital financeiro estende as suas redes, pode-se dizer, no sentido literal da palavra, a todos os países do mundo. Nesse aspecto, desempenham um grande papel os bancos fundados nas colônias, bem como as suas sucursais. Os imperialistas alemães olham com inveja para os "velhos" países coloniais que, a esse respeito, se mostraram especialmente "bem-sucedidos": a Inglaterra tinha em 1904 um total de 50 bancos coloniais com 2.279 sucursais (em 1910, eram 72 bancos com 5.449 sucursais); a França tinha 20 com 136 sucursais; a Holanda possuía 16 com 68; enquanto a Alemanha tinha "apenas" 13 com 70 sucursais[4]. Os capitalistas estadunidenses, por sua vez, invejam os ingleses e os alemães: "Na América do Sul", lamentavam em 1915, "cinco bancos alemães têm quarenta sucursais e cinco ingleses têm setenta sucursais. [...] A Inglaterra e a Alemanha, no decorrer dos últimos 25 anos, investiram aproximadamente 4 bilhões de dólares na Argentina, no Brasil e no Uruguai; como resultado, beneficiam-se de 46% de todo o comércio desses três países"[5].

Os países exportadores de capital dividiram o mundo entre si, no sentido figurado da palavra. Mas o capital financeiro também conduziu à partilha *direta* do mundo.

---

[4] Jacob Riesser, *Die deutschen Grossbanken und ihre Konzentration im Zusammenhang mit der Entwicklung der Gesamtwirtschaft in Deutschand*, 4. ed., cit., p. 375; Georges Diouritch, *L'Expansion des banques allemandes à l'étranger*, cit., p. 283.

[5] William S. Kies, "Branch Banks and our Foreign Trade", *The Annals of the American Academy of Political and Social Science*, v. 59, 1915, p. 301. Nessa mesma publicação, na p. 331, lemos que no último número da revista financeira *Statist*, o conhecido especialista em estatística Paish calculava em 40 bilhões de dólares, isto é, 200 bilhões de francos, o capital exportado pela Inglaterra, Alemanha, França, Bélgica e Holanda.

V
A PARTILHA DO MUNDO ENTRE AS ASSOCIAÇÕES DE CAPITALISTAS

As associações monopolistas de capitalistas – cartéis, sindicatos, trustes – partilham entre si, em primeiro lugar, o mercado interno, apoderando-se mais ou menos completamente da produção do país. Mas o mercado interno, no capitalismo, está inevitavelmente ligado ao externo. O capitalismo, há muito, criou um mercado mundial. E à medida que a exportação de capital foi crescendo e as relações com o estrangeiro e com as colônias, bem como as "esferas de influência" das maiores associações monopolistas, foram se expandindo, em todos os sentidos, o caso "naturalmente" foi se aproximando de um acordo mundial entre elas, da constituição de cartéis internacionais.

Trata-se de um novo patamar de concentração mundial de capital e de produção, mas incomparavelmente mais elevado que os anteriores. Vejamos como surge esse supermonopólio.

A indústria elétrica é a mais típica para os últimos progressos da técnica, para o capitalismo de *fins* do século XIX e princípios do século XX. E desenvolveu-se, acima de tudo, nos dois mais avançados, os Estados Unidos e a Alemanha. Na Alemanha, a crise de 1900 contribuiu particularmente para a concentração desse setor da indústria. Durante essa crise, os bancos, que na época já se encontravam bastante ligados à indústria, aceleraram e aprofundaram no mais alto grau o perecimento das empresas relativamente pequenas, a absorção destas pelas grandes. "Os bancos", diz Jeidels, "retiraram a mão de apoio justamente daquelas empresas que mais tinham necessidade dela, provocando com isso, a princípio, uma ascensão vertiginosa, e depois a falência irremediável das sociedades que não estavam suficientemente ligadas a eles."[1]

---

[1] Otto Jeidels, *Das Verhältnis der deutschen Grossbanken zur Industrie*, cit., p. 232.

Como resultado, depois de 1900, a concentração avançou a passos de gigante. Até 1900 existiam sete ou oito "grupos" na indústria elétrica; cada um era composto por várias sociedades (no total havia 28) e atrás de cada um havia de dois a onze bancos. Por volta de 1908-1912, todos esses grupos se fundiram em um ou dois. Eis como se produziu o referido processo:

Grupos na indústria elétrica

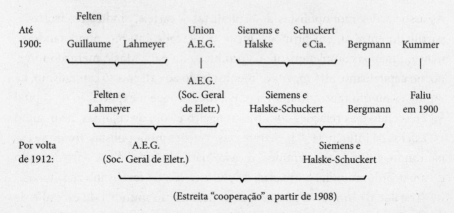

(Estreita "cooperação" a partir de 1908)

A famosa AEG (Sociedade Geral de Eletricidade), tendo crescido dessa maneira, domina 175 a 200 sociedades (por meio do sistema de "participações") e dispõe de um capital total de cerca de 1,5 *bilhão* de marcos. Só no estrangeiro conta com 34 representações diretas, das quais doze são sociedades por ações estabelecidas em mais de dez países. Ainda em 1904, calculava-se que os capitais investidos pela indústria elétrica alemã no estrangeiro constituíam 233 milhões de marcos, dos quais 62 milhões na Rússia. Não é necessário dizer que a Sociedade Geral de Eletricidade representa uma empresa gigantesca, "combinada" com a produção – só o número das suas sociedades fabris é dezesseis – dos mais variados produtos, desde cabos e isolantes até automóveis e aparelhos de aviação.

Mas a concentração na Europa foi também um elemento integrante do processo de concentração nos Estados Unidos. Eis como ele se produziu:

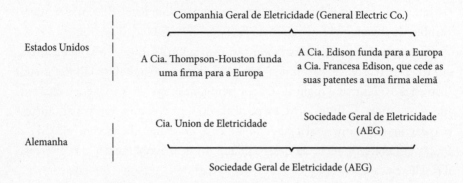

Desse modo, formaram-se *duas* "potências" elétricas. "É impossível encontrar no mundo uma única sociedade elétrica que seja *completamente* independente delas", diz Heinig no artigo "Os caminhos do truste da eletricidade". Os números a seguir oferecem uma ideia, que está muito longe de ser completa, do volume de negócios e da dimensão das empresas de ambos os trustes.

	Ano	Volume de negócios (em milhões de marcos)	Número de empregados	Lucro líquido (em milhões de marcos)
Estados Unidos: Companhia Geral de Eletricidade (GEC)	1907	252	28.000	35,4
	1910	298	32.000	45,6
Alemanha: Sociedade Geral de Eletricidade (AEG)	1907	216	30.700	14,5
	1911	362	60.800	21,7

E eis que em 1907, entre o truste estadunidense e o truste alemão, foi fechado um acordo para a partilha do mundo. A concorrência foi suprimida: a GEC "recebeu" os Estados Unidos e o Canadá; à AEG "couberam" a Alemanha, a Áustria, a Rússia, a Holanda, a Dinamarca, a Suíça, a Turquia e os Balcãs. Fecharam-se acordos especiais – secretos, evidentemente – em relação às filiais, que penetram em novos ramos da indústria e em "novos" países, ainda não incluídos formalmente na partilha. Estabeleceu-se o intercâmbio de invenções e experiências².

Compreende-se perfeitamente até que ponto é difícil a concorrência contra esse truste, de fato único, mundial, com um capital de bilhões a sua disposição, além de "sucursais", representações, agências, relações etc. em todos os cantos do mundo. Mas a partilha do mundo entre dois trustes fortes não exclui, claro, uma *nova partilha*, no caso de se modificar a correlação de forças em consequência da desigualdade do desenvolvimento, das guerras, das falências etc.

Um exemplo elucidativo de uma tentativa de redistribuição desse tipo, de luta pela redistribuição, é fornecido pela indústria do petróleo.

"O mercado mundial do petróleo", escrevia Jeidels em 1905, "encontra-se atualmente ainda dividido entre dois grandes grupos financeiros: o truste estadunidense Standard Oil Co., de Rockefeller, e os donos do petróleo russo de Baku, isto é, Rothschild e Nobel. Ambos os grupos estão intimamente ligados entre si, mas a sua situação de monopólio encontra-se ameaçada há alguns anos por cinco inimigos"³: 1) o esgotamento das jazidas estadunidenses de petróleo; 2) a concorrência da firma Mantáchev, de Baku; 3) as jazidas de petróleo da Áustria; 4) as da Romênia; 5) as jazidas de petróleo transoceânicas, particularmente nas colônias holandesas (as riquíssimas firmas Samuel e Shell, também ligadas ao capital inglês). As três últimas séries de empresas estão relacionadas aos grandes bancos alemães, com o Banco Alemão à frente. Esses bancos impulsionaram de uma forma sistemática e independente a indústria petrolífera, por exemplo, na Romênia, para terem o "seu" ponto de apoio. Em 1907, calculava-se que na indústria romena do petróleo havia capitais estrangeiros no valor de 185 milhões de francos, dos quais 74 milhões eram alemães⁴.

Deu-se início à luta por aquilo que a literatura econômica chama de "divisão do mundo". Por um lado, a Standard Oil, de Rockefeller, aspirando

---

[2] Jacob Riesser, *Die deutschen Grossbanken und ihre Konzentration im Zusammenhang mit der Entwicklung der Gesamtwirtschaft in Deutschand*, cit.; Georges Diouritch, *L'Expansion des banques allemandes à l'étranger*, cit., p. 239; Kurt Heinig, "Der Weg des Elektrotrusts", cit.

[3] Otto Jeidels, *Das Verhältnis der deutschen Grossbanken zur Industrie*, cit., p. 192-3.

[4] Georges Diouritch, *L'Expansion des banques allemandes à l'étranger*, cit., p. 245-6.

a apoderar-se de *tudo*, fundou uma "sociedade-irmã" na *própria* Holanda, adquirindo as jazidas da Índia Holandesa e aspirando, desse modo, a desferir um golpe no seu inimigo principal: o truste anglo-holandês Shell. Por outro lado, o Banco Alemão e outros bancos berlinenses procuravam "conservar" a Romênia e uni-la à Rússia contra Rockefeller. Este último possuía um capital incomparavelmente mais volumoso e uma magnífica organização de transportes e abastecimento aos consumidores. A luta devia terminar, e terminou, em 1907, com a derrota completa do Banco Alemão, diante do qual se abriam dois caminhos: ou liquidar, com perdas de milhões, os seus "interesses petrolíferos", ou submeter-se. O segundo foi o escolhido e um acordo muito desvantajoso para o Banco Alemão foi fechado com a Standard Oil. Por esse acordo, o banco se comprometia "a não fazer nada em prejuízo dos interesses estadunidenses", com a ressalva, no entanto, de que o convênio perderia a vigência caso a Alemanha viesse a aprovar uma lei de monopólio do Estado sobre o petróleo.

Tem início então a "comédia do petróleo". Um dos reis financistas da Alemanha, Von Gwinner, diretor do Banco Alemão, organiza, por intermédio do seu secretário particular, Stauss, uma campanha *a favor* do monopólio do petróleo. Põe-se em ação todo o gigantesco aparelho do maior banco berlinense, todas as amplas "conexões" de que dispõe, a imprensa enche-se de clamores "patrióticos" contra o "jugo" do truste estadunidense, e o Reichstag decide, quase por unanimidade, em 15 de março de 1911, convidar o governo a preparar um projeto sobre o monopólio do petróleo. O governo aceitou essa ideia "popular", e o Banco Alemão, que queria enganar o seu rival estadunidense e pôr em ordem os seus negócios mediante o monopólio do Estado, parecia ter ganhado a partida. Os reis alemães do petróleo já contavam exultantes com os lucros gigantescos, que não seriam inferiores aos dos fabricantes de açúcar russos... Mas, em primeiro lugar, os grandes bancos alemães brigaram entre si por causa da divisão do espólio, e a Sociedade de Desconto desmascarou os objetivos interesseiros do Banco Alemão; em segundo lugar, o governo assustou-se com a ideia de uma luta com Rockefeller, pois era muito duvidoso que a Alemanha conseguisse petróleo sem contar com ele (a capacidade produtiva da Romênia não é grande); em terceiro lugar, quase ao mesmo tempo, em 1913, votava-se a alocação bilionária para os preparativos de guerra da Alemanha. O projeto de monopólio foi adiado. A Standard Oil de Rockefeller saía, por enquanto, vitoriosa da luta.

A revista berlinense *Die Bank* escreveu a esse respeito que a Alemanha não poderia lutar com a Standard Oil, a não ser que implantasse o monopólio da corrente elétrica e convertesse a força hidráulica em energia elétrica barata. Mas acrescentava:

> O monopólio da eletricidade virá quando dele necessitarem os produtores, a saber, quando nos encontrarmos às vésperas de outro grande *crash*, dessa vez na indústria elétrica, e quando já não puderem funcionar com lucro as gigantescas e caras centrais elétricas que os "consórcios" privados da indústria elétrica estão agora construindo em toda parte e para as quais já estão obtendo diversos monopólios das cidades, dos Estados etc. Será necessário então pôr em marcha as forças hidráulicas, mas não será possível convertê-las em eletricidade barata por conta do Estado, tornando-se necessário entregá-las também a um "monopólio privado, submetido ao controle do Estado", pois a indústria privada já conclui bastantes transações e estipulou grandes indenizações. [...] Assim foi com o monopólio de nitrato, assim é com o monopólio do petróleo e assim será com o monopólio da eletricidade. Já é tempo de os nossos estadistas socialistas, que se deixam deslumbrar por princípios brilhantes, compreenderem finalmente que, na Alemanha, os monopólios nunca tiveram a intenção de proporcionar benefício aos consumidores ou, pelo menos, de pôr à disposição do Estado uma parte dos lucros patronais, tendo servido unicamente para sanear, à custa do Estado, a indústria privada, quase à beira da falência.[5]

Tais são as valiosas confissões que são obrigados a fazer os economistas burgueses da Alemanha. Vemos aqui, claramente, como na época do capital financeiro os monopólios de Estado e os privados estão entrelaçados em um todo único, e como tanto uns como outros não são na prática mais do que diferentes elos da luta imperialista entre os grandes monopolistas pela divisão do mundo.

Na marinha mercante, o gigantesco processo de concentração conduziu também à partilha do mundo. Na Alemanha, destacaram-se duas grandes

---

[5] *Die Bank*, n. 2, 1912, p. 629 e 1.036; *Die Bank*, n. 1, 1913, p. 388.

sociedades: a Hamburg-Amerika e a Lloyd da Alemanha do Norte, ambas com um capital de 200 milhões de marcos (ações e obrigações) e barcos num valor de 185 milhões a 189 milhões de marcos. Além disso, foi fundado nos Estados Unidos, em 1º de janeiro de 1903, o chamado truste Morgan, a Companhia Internacional de Comércio Marítimo, agrupando nove companhias de navegação estadunidenses e inglesas e dispondo de um capital de 120 milhões de dólares (480 milhões de marcos). Já em 1903 os colossos alemães e esse truste anglo-estadunidense assinaram um contrato de partilha do mundo com relação à partilha dos lucros. As sociedades alemãs renunciaram à concorrência no negócio dos transportes entre a Inglaterra e os Estados Unidos. Foram estabelecidos exatamente quais portos "se reservavam" a cada um, foi criado um comitê de controle comum etc. O contrato foi fechado para vinte anos, com a prudente reserva de que perderia validade em caso de guerra[6].

A história da formação do cartel internacional dos trilhos de ferro também é extremamente instrutiva. A primeira vez que as fábricas de trilhos inglesas, belgas e alemãs tentaram formar o tal cartel foi em 1884, num período de forte depressão industrial. Concordaram em não concorrer nos mercados internos dos países incluídos no acordo, e os mercados externos foram distribuídos consoante a seguinte regra: 66% para a Inglaterra, 27% para a Alemanha e 7% para a Bélgica. A Índia ficou inteiramente à disposição da Inglaterra. Contra uma firma inglesa que ficou de fora do acordo foi travada uma guerra comum, cujos gastos foram cobertos com uma porcentagem das vendas gerais. Mas em 1886, quando duas firmas inglesas se retiraram da associação, ela desmoronou. É característico o fato de o acordo não ter sido possível durante os períodos de recuperação industrial que se seguiram.

No início de 1904, foi fundado o sindicato do aço da Alemanha. Em novembro de 1904, foi retomado o cartel internacional dos trilhos, de acordo com a seguinte regra: Inglaterra – 53,5%, Alemanha – 28,83%, Bélgica – 17,67%. Mais tarde foi incorporada a França, com 4,8%, 5,8% e 6,4% no primeiro, segundo e terceiro anos respectivamente, além dos 100%, ou seja, sobre um

---

[6] Jacob Riesser, *Die deutschen Grossbanken und ihre Konzentration im Zusammenhang mit der Entwicklung der Gesamtwirtschaft in Deutschand*, cit., p. 125.

total de 104,8%, e assim sucessivamente. Em 1905, aderiu o truste do aço dos Estados Unidos (Corporação do Aço), em seguida a Áustria e a Espanha. "No momento atual", escreveu Vogelstein em 1910, "a divisão da Terra está concluída, e os grandes consumidores, e em primeiro lugar as ferrovias estatais, podem viver – agora que o mundo foi repartido sem que os seus interesses fossem levados em conta – como o poeta nos céus de Júpiter."[7]

Vale lembrar ainda o sindicato internacional do zinco, fundado em 1909, que fez uma distribuição exata do volume da produção entre cinco grupos de fábricas: alemãs, belgas, francesas, espanholas e inglesas; e também o truste internacional da pólvora, que, segundo as palavras de Liefmann, é uma "estreita aliança, perfeitamente contemporânea, de todas as fábricas alemãs de explosivos, que, em seguida, reunidas às fábricas de dinamite francesas e estadunidenses, organizadas de maneira análoga, repartiram, por assim dizer, o mundo inteiro"[8].

Segundo Liefmann, em 1897 contavam-se cerca de quarenta cartéis internacionais com a participação da Alemanha, enquanto em 1910 já eram em torno de cem.

Alguns escritores burgueses (aos quais se juntou agora Kautsky, que modificou completamente a sua posição marxista de 1909, por exemplo) expressaram a opinião de que os cartéis internacionais, sendo como são uma das expressões de maior relevo da internacionalização do capital, nos permitem acalentar a esperança de que a paz entre os povos virá a imperar sob o capitalismo. Essa opinião é, do ponto de vista teórico, completamente absurda, já do ponto de vista prático é um sofisma, um meio de defesa desonesto do oportunismo da pior espécie. Os cartéis internacionais mostram até que ponto cresceram agora os monopólios e *por que* há uma luta entre as associações de capitalistas. Essa última circunstância é a mais importante; só ela nos esclarece o sentido histórico-econômico do que está acontecendo, pois a *forma* de luta pode mudar, e muda constantemente, a

---

[7] Theodor Vogelstein, *Organisationsformen*, cit., p. 100.
[8] Robert Liefmann, *Kartelle und Trusts und die Weiterbildung der volkswirtschaftlichen Organisation*, cit., p. 161.

depender de diversas causas, relativamente particulares e temporárias, mas a *essência* da luta, o seu *conteúdo* de classe, *não pode* mudar enquanto existirem as classes. Compreende-se que os interesses, por exemplo, da burguesia alemã, para cujo lado Kautsky efetivamente passou em seus argumentos teóricos (como veremos mais adiante), obscureçam o *conteúdo* da luta econômica contemporânea (a partilha do mundo), destaquem ora uma, ora outra *forma* dessa luta. Kautsky comete o mesmo erro. E trata-se, claro, não da burguesia alemã, mas da burguesia mundial. Não é por conta de sua particular maldade que os capitalistas dividem o mundo, mas porque o patamar de concentração a que se chegou os obriga a seguir esse caminho para obter lucros; com isso, dividem-no "segundo o capital", "segundo a força": qualquer outro método de divisão é impossível no sistema da produção mercantil e do capitalismo. A força varia, por sua vez, a depender do desenvolvimento econômico e político; para compreender o que está acontecendo é necessário saber que problemas são solucionados pelas mudanças da força, mas saber se essas mudanças são "puramente" econômicas ou extraeconômicas (por exemplo, militares) é secundário e em nada pode alterar a abordagem fundamental da época mais recente do capitalismo. Substituir a questão do *conteúdo* da luta e das transações entre os grupos capitalistas pela questão da forma dessa luta e dessas transações (hoje, pacífica, amanhã não pacífica, depois de amanhã, outra vez não pacífica) significa rebaixar-se ao papel de sofista.

A época do capitalismo mais recente nos mostra que entre as associações de capitalistas estão tomando forma determinadas relações *com base* na partilha econômica do mundo, e ao lado disso, e em conexão com isso, entre as associações políticas, estatais, estão tomando forma determinadas relações com base na partilha territorial do mundo, na luta pelas colônias, na "luta pelo território econômico".

VI
A PARTILHA DO MUNDO ENTRE AS GRANDES POTÊNCIAS

Em seu livro sobre o "desenvolvimento territorial das colônias europeias"[1], o geógrafo A. Supan fornece o seguinte resumo desse desenvolvimento nos fins do século XIX:

Porcentagem de território pertencente às potências coloniais europeias (incluindo os Estados Unidos)

	1876	1900	Diferenças
Na África	10,8%	90,4%	+79,6%
Na Polinésia	56,8%	98,9%	+42,1%
Na Ásia	51,5%	56,6%	+5,1%
Na Austrália	100%	100%	—
Na América	27,5%	27,2%	-0,3%

"O traço característico desse período", conclui o autor, "é, portanto, a partilha da África e da Polinésia." Na medida em que nem na Ásia nem na América existem terras desocupadas, ou seja, que não pertençam a nenhum Estado, é preciso ampliar a conclusão de Supan e dizer que o traço característico do período considerado é a partilha definitiva do planeta Terra, definitiva não no sentido de que não seja possível uma *redistribuição* – pelo contrário, as redistribuições são possíveis e inevitáveis –, mas no sentido de que a política colonial dos países capitalistas já *concluiu* a conquista de todas as terras desocupadas do nosso planeta. Pela primeira vez, o mundo encontra-se já dividido, de tal modo que o que vem a seguir é *somente* uma

---

[1] Alexander Supan, *Die territoriale Entwicklung der europäischen Kolonien* (Gotha, Justus Pethers, 1906), p. 254.

redistribuição, ou seja, a passagem de um "proprietário" para outro, e não a passagem de um território sem dono para um "dono".

Estamos vivenciando, portanto, uma época peculiar da política colonial mundial, que se encontra intimamente ligada ao "mais recente patamar de desenvolvimento do capitalismo", ao capital financeiro. Por isso é fundamental nos determos, acima de tudo, e de modo mais detalhado, nos dados concretos, para que seja possível esclarecer com mais precisão a diferença existente entre esta época e as anteriores, bem como a situação do presente. Em primeiro lugar, surgem aqui duas questões concretas: se haveria uma intensificação da política colonial, um agravamento da luta pelas colônias, precisamente na época do capital financeiro e, em relação a isso, como exatamente o mundo está dividido neste momento.

O escritor estadunidense Morris, em seu livro sobre a história da colonização[2], procura reunir dados sobre a extensão das posses coloniais da Inglaterra, França e Alemanha nos diferentes períodos do século XIX. Eis, de modo abreviado, os resultados por ele obtidos:

Dimensão das posses coloniais

Anos	Inglaterra Área (em milhões de quilômetros quadrados)	Inglaterra População (em milhões)	França Área (em milhões de quilômetros quadrados)	França População (em milhões)	Alemanha Área (em milhões de quilômetros quadrados)	Alemanha População (em milhões)
1815-1830	?	126,4	0,05	0,5	—	—
1860	6,47	145,1	0,52	3,4	—	—
1880	19,94	267,9	1,81	7,5	—	—
1899	24,09	309,0	9,58	56,4	2,59	14,7

Para a Inglaterra, o período de enorme intensificação das conquistas coloniais corresponde aos anos 1860 a 1890 e é muito considerável nos últimos vinte anos do século XIX. Para a França e a Alemanha, corresponde

---

[2] Henry C. Morris, *The History of Colonization* (Nova York, Macmillan, 1900), v. 2, p. 88; v. 1, p. 419; v. 2, p. 304.

exatamente a esses vinte anos. Vimos antes que o período de desenvolvimento máximo do capitalismo pré-monopolista, o capitalismo em que predomina a livre concorrência, vai de 1860 a 1870. Estamos vendo agora que, *exatamente depois desse período*, começa a enorme "ascensão" das conquistas coloniais, que agrava até um grau extraordinário a luta pela partilha territorial do mundo. Não há dúvida, portanto, de que a passagem do capitalismo ao patamar do capitalismo monopolista, ao capital financeiro, está *conectada* ao agravamento da luta pela partilha do mundo.

Hobson destaca em sua obra sobre o imperialismo o período de 1884 a 1900 como uma época de intensa "expansão" (ampliação territorial) dos principais Estados europeus. Segundo os seus cálculos, a Inglaterra adquiriu durante esse período 9,58 milhões de quilômetros quadrados, com uma população de 57 milhões de habitantes; a França, 9,32 milhões de quilômetros quadrados, com 36,5 milhões de habitantes; a Alemanha, 2,59 milhões de quilômetros quadrados, com 14,7 milhões de habitantes; a Bélgica, 2,33 milhões de quilômetros quadrados, com 30 milhões de habitantes; Portugal, 2,07 milhões de quilômetros quadrados, com 9 milhões de habitantes. A corrida por colônias em fins do século XIX, sobretudo a partir da década de 1880, por parte de todos os Estados capitalistas representa um fato notório da história da diplomacia e da política externa.

Na época de maior florescimento da livre concorrência na Inglaterra, entre 1840 e 1860, os dirigentes políticos burgueses deste país eram *contra* a política colonial, consideravam útil e inevitável a emancipação das colônias e a sua separação completa da Inglaterra. M. Beer aponta, em seu artigo publicado em 1898 sobre o "mais recente imperialismo inglês"[3], que em 1852 um estadista britânico como Disraeli, tão favorável em geral ao imperialismo, declarava: "As colônias são como pedras de moinho no nosso pescoço". Já em fins do século XIX, os heróis do dia na Inglaterra eram Cecil Rhodes e Joseph Chamberlain, que preconizavam abertamente o imperialismo e aplicavam a política imperialista com o maior cinismo!

---

[3] Max Beer, "Der moderne englische Imperialismus", *Die Neue Zeit*, v. 16, n. 1, 1898, p. 302.

Não deixa de ter interesse o fato de que a conexão entre as raízes puramente econômicas, por assim dizer, do imperialismo mais recente e as suas raízes sociais e políticas já estava clara na época para esses dirigentes políticos da burguesia inglesa. Chamberlain pregava o imperialismo como uma "política verdadeira, sábia e econômica", assinalando, sobretudo, a concorrência que a Inglaterra agora encontra no mercado mundial por parte da Alemanha, dos Estados Unidos e da Bélgica. A salvação está no monopólio – diziam os capitalistas, fundando cartéis, sindicatos, trustes. A salvação está no monopólio – repetiam os líderes políticos da burguesia, apressando-se em apoderar-se das partes do mundo ainda não repartidas. E Cecil Rhodes, segundo conta seu amigo íntimo, o jornalista Stead, dizia-lhe em 1895, a propósito das suas ideias imperialistas:

> Ontem estive no East-End londrino [bairro operário] e assisti a uma assembleia de desempregados. Ao ouvir ali discursos ferozes cujo grito dominante era: Pão!, Pão!, e ao refletir, a caminho de casa, sobre o que tinha ouvido, convenci-me, mais do que nunca, da importância do imperialismo. [...] A ideia que acalento representa a solução do problema social: para salvar os 40 milhões de habitantes do Reino Unido de uma mortífera guerra civil, nós, os políticos coloniais, devemos nos apoderar de novos territórios para o estabelecimento do excedente da população, para a aquisição de novos mercados para os produtos das nossas fábricas e das nossas minas. O império, eu sempre disse isso, é uma questão de estômago. Se quiserem evitar uma guerra civil, devem se tornar imperialistas.[4]

Assim falava, em 1895, Cecil Rhodes, milionário, rei da finança e principal culpado pela guerra anglo-bôer; mas note-se que sua defesa do imperialismo, simplesmente grosseira, cínica, não difere na essência da "teoria" dos senhores Máslov, Südekum, Potréssov, David, do fundador do marxismo russo etc. etc. Cecil Rhodes era um social-chauvinista um pouco mais honesto...

Para oferecer um panorama o mais exato possível do quadro da partilha territorial do mundo e das mudanças nesse sentido nas últimas décadas, utilizaremos os resumos que Supan fornece na obra citada sobre as posses coloniais de todas as potências do mundo. Supan compara os anos 1876 e

[4] Ibidem, p. 304.

1900; nós tomaremos o ano de 1876 – ponto muito acertadamente escolhido, já que se pode considerar, em termos gerais, ser precisamente nessa época que termina o desenvolvimento do capitalismo da Europa Ocidental em seu estágio pré-monopolista – e o ano de 1914, substituindo os números de Supan pelos mais recentes de Hübner, de acordo com as *Tabelas Geográfico-Estatísticas*. Supan toma apenas as colônias; nós consideramos útil – para que o quadro da partilha do mundo seja completo – acrescentar dados resumidos sobre os países não coloniais e as semicolônias, entre as quais incluímos a Pérsia, a China e a Turquia: o primeiro desses países transformou-se já quase completamente em colônia; o segundo e o terceiro seguem o mesmo caminho.

Obtemos o seguinte resultado:

Posses coloniais das grandes potências
(em milhões de quilômetros quadrados e em milhões de habitantes)

Países	Colônias 1876 km²	hab.	Colônias 1914 km²	hab.	Metrópoles 1914 km²	hab.	Total 1914 km²	hab.
Inglaterra	22,5	251,9	33,5	393,5	0,3	46,5	33,8	440,0
Rússia	17,0	15,9	17,4	33,2	5,4	136,2	22,8	169,4
França	0,9	6,0	10,6	55,5	0,5	39,6	11,1	95,1
Alemanha	—	—	2,9	12,3	0,5	64,9	3,4	77,2
Estados Unidos	—	—	0,3	9,7	9,4	97,0	9,7	106,7
Japão	—	—	0,3	19,2	0,4	53,0	0,7	72,2
Total para as 6 grandes potências	40,4	273,8	65,0	523,4	16,5	437,2	81,5	960,6
Colônias de outras potências (Bélgica, Holanda etc.)							9,9	45,3
Semicolônias (Pérsia, China, Turquia)							14,5	361,2
Demais países							28,0	289,9
Toda a Terra							133,9	1.657,0

Vê-se claramente como, em fins do século XIX e princípios do século XX, já havia sido "concluída" a partilha do mundo. As posses coloniais aumentaram em proporções gigantescas depois de 1876: em mais de uma vez e meia, de 40 milhões para 65 milhões de quilômetros quadrados para as seis potências mais importantes; o aumento é de 25 milhões de quilômetros quadrados, uma vez e meia a área das metrópoles (16,5 milhões). Três potências não possuíam colônias em 1876 e uma quarta, a França, quase não as tinha. Em 1914, essas quatro potências haviam adquirido colônias com uma área de 14,1 milhões de quilômetros quadrados, ou seja, cerca de uma vez e meia a área da Europa, com uma população de quase 100 milhões de habitantes. A desigualdade na expansão colonial é muito grande. Se compararmos, por exemplo, a França, a Alemanha e o Japão, que não são muito diferentes em área e número de habitantes, verificamos que o primeiro desses países adquiriu quase três vezes mais colônias (em área) que o segundo e o terceiro juntos. Mas, pela importância do capital financeiro, a França, no princípio do período considerado, era também, talvez, algumas vezes mais rica do que a Alemanha e o Japão juntos. A dimensão das posses coloniais, além das condições puramente econômicas, e com base nelas, também é influenciada pelas condições geográficas, entre outras. Por mais intenso que tenha sido, durante os últimos decênios, o nivelamento do mundo, a equalização das condições econômicas e de vida dos diferentes países sob a pressão da grande indústria, da troca e do capital financeiro, a diferença continua a ser considerável, e entre os seis países citados, observamos, por um lado, países capitalistas jovens, que progrediram com uma rapidez extraordinária (Estados Unidos, Alemanha e Japão), e, por outro, os países do velho desenvolvimento capitalista, que, durante o último período, progrediram muito mais lentamente do que os anteriores (França e Inglaterra); em terceiro lugar, figura um país, o mais atrasado do ponto de vista econômico (Rússia), no qual o imperialismo capitalista moderno se encontra entrelaçado, por assim dizer, numa rede particularmente densa de relações pré-capitalistas.

Ao lado das posses coloniais das grandes potências, colocamos as colônias menos importantes dos Estados pequenos, que são, por assim dizer, o objetivo imediato, possível e provável, da "redistribuição" das colônias. A maior parte desses Estados pequenos conserva as suas colônias somente graças ao fato de que, entre os grandes, existem interesses opostos, atritos etc. que impedem um acordo para a divisão do espólio. No que se refere aos Estados "semicoloniais", estes nos dão um exemplo das formas de transição que encontramos em todas as esferas da natureza e da sociedade. O capital financeiro é uma força tão grande, pode se dizer, tão decisiva em todas as relações econômicas e internacionais, que é capaz de subordinar, e de fato subordina, mesmo os Estados que contam com uma independência política mais completa; veremos exemplos disso a seguir. Mas, evidentemente, a subordinação mais lucrativa e "cômoda" para o capital financeiro é uma subordinação *tal* que traz consigo a perda da independência política dos países e dos povos subordinados. Os países semicoloniais são típicos, nesse sentido, como um "meio-termo". Está claro que a luta por esses países semidependentes tenha particularmente se agravado na época do capital financeiro, quando o resto do mundo já se encontrava dividido.

A política colonial e o imperialismo existiam já antes do mais recente patamar em que se encontra o capitalismo e até antes do capitalismo. Roma, baseada na escravidão, conduziu uma política colonial e praticou o imperialismo. Mas as considerações "gerais" sobre o imperialismo que esquecem ou relegam a segundo plano as diferenças radicais entre as formações econômico-sociais convertem-se inevitavelmente em banalidades vazias ou fanfarronices, tais como comparar "a grande Roma com a Grã-Bretanha"[5]. Mesmo a política colonial capitalista dos estágios *anteriores* do capitalismo é essencialmente diferente da política colonial do capital financeiro.

A particularidade fundamental do capitalismo moderno consiste na dominação exercida pelas associações monopolistas dos grandes proprietários. Tais monopólios são mais robustos quando arrebatam em uma única mão *todas* as fontes de matérias-primas, e já vimos com que ardor as associações internacionais de capitalistas dirigem os seus esforços para retirar do adversário qualquer possibilidade de concorrência, para adquirir, por exemplo,

---

[5] Charles P. Lucas, *Greater Rome and Greater Britain* (Oxford, Clarendon, 1912); ou Evelyn Baring, conde de Cromer, *Ancient and Modern Imperialism* (Londres, John Murray, 1910).

as terras que contêm minério de ferro, as jazidas de petróleo etc. A posse de colônias é a única coisa que dá plenas garantias ao sucesso do monopólio contra todas as contingências da luta com o oponente, mesmo quando este procura se defender com uma lei que implante o monopólio estatal. Quanto maior o desenvolvimento do capitalismo, quanto mais sensível se torna a insuficiência de matérias-primas, quanto mais agudas são a concorrência e a corrida por fontes de matérias-primas em todo o mundo, tanto mais encarniçada é a luta pela aquisição de colônias.

"Podemos arriscar a afirmação", escreve Schilder, "que a alguns parecerá paradoxal, de que o crescimento da população urbana e industrial, num futuro mais ou menos próximo, pode encontrar mais obstáculos na insuficiência de matérias-primas para a indústria do que na de produtos alimentícios." É assim, por exemplo, que se acentua a escassez de madeira (que encarece cada vez mais), peles e matérias-primas para a indústria têxtil.

> As associações de industriais tentam estabelecer o equilíbrio entre a agricultura e a indústria no quadro de toda a economia mundial; podemos citar como exemplo a união internacional das associações de fabricantes de tecidos de algodão, que reúne alguns dos países industriais mais importantes, fundada em 1904, e a união europeia de associações de fabricantes de tecidos de linho, constituída em 1910 à imagem da anterior.[6]

É claro que os reformistas burgueses, e entre eles, sobretudo, os atuais kautskistas, procuram atenuar a importância desses fatos, afirmando que as matérias-primas "poderiam ser" adquiridas no livre mercado, sem uma política colonial "cara e perigosa"; que a oferta de matérias-primas "poderia ser" aumentada em proporções gigantescas com o "simples" melhoramento das condições da agricultura em geral. Mas essas alegações convertem-se numa apologia do imperialismo, no seu embelezamento, pois se baseiam no esquecimento da principal particularidade do capitalismo mais recente: os monopólios. O livre mercado é cada vez mais do domínio do passado, os sindicatos e trustes monopolistas reduzem-no a cada dia, e a "simples" melhora das condições da agricultura traduz-se na melhora da situação das massas,

---

[6] Sigmund Schilder, *Entwicklungstendenzen der Weltwirtschaft*, cit., p. 38-42.

na elevação dos salários e na diminuição dos lucros. Onde é que existem, a não ser na fantasia dos doces reformistas, trustes que sejam capazes de se preocupar com a situação das massas, e não com a conquista de colônias?

Para o capital financeiro não são apenas as fontes de matérias-primas já descobertas que têm importância, mas também as possíveis, pois a técnica avança com uma rapidez incrível nos nossos dias, e as terras que hoje não são aproveitáveis podem se tornar terras úteis amanhã, se forem descobertos novos métodos (para cujo efeito um grande banco pode enviar uma expedição especial de engenheiros, agrônomos etc.), se forem investidos grandes capitais. O mesmo acontece com a exploração de riquezas minerais, com os novos métodos de elaboração e utilização de tais ou quais matérias-primas etc. etc. Daí a tendência inevitável do capital financeiro de ampliar o seu território econômico e até o seu território em geral. Assim como os trustes capitalizam os seus bens atribuindo-lhes o dobro ou o triplo do seu valor, considerando os lucros "possíveis" no futuro (e não os lucros presentes), considerando os resultados posteriores do monopólio, também o capital financeiro, em geral, procura se apoderar das maiores extensões possíveis de terra, seja ela qual for, esteja onde estiver, por um ou outro meio, considerando as fontes possíveis de matérias-primas, temendo ficar para trás na luta furiosa pelas últimas porções ainda não repartidas do mundo ou por porções na redistribuição do que já foi repartido.

Os capitalistas ingleses procuram de todas as maneiras desenvolver a produção de algodão na *sua* colônia, o Egito – em 1904, dos 2,3 milhões de hectares de terra cultivada no Egito, 0,6 milhão, isto é, mais de um quarto, era já destinado ao algodão –, e os russos fazem o mesmo na *sua* colônia, o Turquestão, porque, desse modo, podem vencer mais facilmente os seus concorrentes estrangeiros, podem promover mais facilmente a monopolização das fontes de matérias-primas, a criação de um truste têxtil mais econômico e mais lucrativo, com uma produção "combinada" que concentre em uma única mão *todas* as etapas da produção e da transformação do algodão.

Os interesses da exportação de capital impulsionam igualmente a conquista de colônias, pois no mercado colonial é mais fácil (e às vezes só nele é possível), utilizando meios monopolistas, eliminar o concorrente, garantir encomendas, consolidar as "conexões" necessárias etc.

A superestrutura extraeconômica que se ergue sobre a base do capital financeiro, sua política e ideologia, intensificam a tendência às conquistas coloniais. "O capital financeiro não quer a liberdade, mas o domínio", diz com razão Hilferding. E um escritor burguês da França, como se ampliasse e complementasse as ideias de Cecil Rhodes que citamos antes, escreve que é necessário juntar as causas de ordem social às causas econômicas da política colonial contemporânea:

> Em consequência das crescentes dificuldades da vida, que não atingem só as multidões operárias, mas também as classes médias, em todos os países de velha civilização acumulam-se "impaciência, rancores, ódios que ameaçam a paz pública, energias desviadas do seu meio social, forças tumultuosas que é preciso captar para as empregar fora do país, se não quisermos que explodam no interior".[7]

Em se tratando da política colonial da época do imperialismo capitalista, é fundamental notar que o capital financeiro e sua política internacional correspondente, que se traduz na luta das grandes potências pela partilha econômica e política do mundo, criam um sem-número de formas *transitórias* de dependência estatal. Para essa época, são típicos não só os dois grupos fundamentais de países – os que possuem colônias e as colônias –, mas também as diversas formas de países dependentes que, politicamente, formalmente, são independentes, mas, na prática, estão emaranhados nas teias da "dependência" financeira e diplomática. Uma dessas formas, a da semicolônia, já foi indicada anteriormente. Outra amostra é, por exemplo, a Argentina.

"A América do Sul e, em especial a Argentina", diz Schulze-Gaevernitz no seu livro sobre o imperialismo britânico, "encontra-se em tal dependência financeira de Londres que quase a devemos qualificar de colônia comercial inglesa."[8] Segundo Schilder, os capitais investidos pela Inglaterra na Argentina, de acordo com os dados fornecidos em 1909 pelo cônsul austro-húngaro em

---

[7] Maurice Wahl, *La France aux colonies* (Paris, Librairies-Imprimeries Réunies, 1896), citado em Henri Russier, *Le Partage de l'Océanie* (Paris, Vuibert et Nony, 1905), p. 165.

[8] Gerhard von Schulze-Gaevernitz, *Britischer Imperialismus und englischer Freihandel zu Beginn des 20-tem Jahrbunderts* (Leipzig, Duncker & Humblot, 1906), p. 318. O mesmo raciocínio vemos em Sartorius von Waltershausen, *Das volkswirtschaftliche System der Kapitalanlage im Ausland* (Berlim, Gruyter, 1907), p. 46.

Buenos Aires, chegavam a 8,75 bilhões de francos. Não é difícil imaginar as fortes relações que isso assegura ao capital financeiro – e à sua fiel "amiga", a diplomacia – da Inglaterra com a burguesia da Argentina, com os círculos dirigentes de toda a sua vida econômica e política.

O exemplo de Portugal nos mostra uma forma ligeiramente diferente de dependência financeira e diplomática que conserva a independência política. Portugal é um Estado independente, soberano, mas, de fato, está há mais de duzentos anos, desde a Guerra da Sucessão de Espanha (1701-1714), sob o protetorado da Inglaterra. A Inglaterra defendeu Portugal e suas posses coloniais para fortalecer sua posição na luta contra seus adversários: a Espanha e a França. Em troca, obteve vantagens comerciais, melhores condições para a exportação de mercadorias e, sobretudo, para a exportação de capital para Portugal e suas colônias, a possibilidade de utilizar os portos e as ilhas de Portugal, seus cabos telegráficos etc. etc.[9] Relações desse tipo entre grandes e pequenos Estados sempre existiram, mas na época do imperialismo capitalista tornam-se o sistema geral, entram como uma parte na soma das relações de "partilha do mundo", convertem-se em elos da cadeia de operações do capital financeiro mundial.

Para encerrar a questão da partilha do mundo, devemos notar ainda o seguinte. Não só a literatura estadunidense, depois da guerra hispano-americana, e a inglesa, depois da guerra anglo-bôer, apresentaram o assunto de modo completamente aberto e definido em fins do século XIX e princípios do XX, não só a literatura alemã, que seguia "de maneira mais zelosa" o "imperialismo britânico", tem apreciado sistematicamente esse fato. Também a literatura burguesa francesa apresentou a questão de modo suficientemente claro e amplo, na medida em que isso é possível de um ponto de vista burguês. Estamos nos referindo ao historiador Driault, autor de *Problemas políticos e sociais de fins do século XIX*, que diz o seguinte, no capítulo sobre "As grandes potências e a partilha do mundo":

> Nestes últimos anos, todos os territórios livres da Terra, com exceção da China, foram ocupados pelas potências da Europa ou pela América do Norte.

[9] Sigmund Schilder, *Entwicklungstendenzen der Weltwirtschaft*, cit., p. 160-1.

Produziram-se já, com base nisso, alguns conflitos e deslocamentos de influência, precursores de transformações mais terríveis num futuro próximo. Porque é preciso andar depressa: as nações que não se abasteceram correm o risco de não o estarem nunca e não tomarem parte na exploração gigantesca da Terra, que será um dos fatos mais essenciais do próximo século [isto é, do século XX]. Eis por que toda a Europa e a América se viram recentemente presas da febre de expansão colonial, do "imperialismo", que é a característica mais notável dos fins do século XIX.

E o autor acrescenta:

Com essa partilha do mundo, com essa corrida furiosa atrás das riquezas e dos grandes mercados da Terra, a força relativa dos impérios criados neste século XIX não tem já qualquer proporção com o lugar que ocupam na Europa as nações que os criaram. As potências predominantes na Europa, que são os árbitros dos seus destinos, *não* predominam igualmente em todo o mundo. E como o poderio colonial, esperança de riquezas ainda não calculadas, terá repercussão evidentemente na força relativa dos Estados europeus, a questão colonial – o "imperialismo", se quiser –, que já modificou as condições políticas da própria Europa, vai modificá-las cada vez mais.[10]

---

[10] Edouard Driault, *Les Problèmes politiques et sociaux à la fin du XIXe siècle* (Paris, Félix Alcan, 1900), p. 299.

VII
IMPERIALISMO, ESTÁGIO PARTICULAR DO CAPITALISMO

Devemos agora tentar fazer um certo balanço, resumir o que dissemos anteriormente sobre o imperialismo. O imperialismo surgiu como desenvolvimento e continuação direta das características fundamentais do capitalismo em geral. Mas o capitalismo tornou-se imperialismo capitalista apenas quando chegou a um determinado estágio, muito elevado, de seu desenvolvimento, quando algumas de suas características fundamentais começaram a se transformar no seu oposto, quando ganharam corpo e se manifestaram em toda a linha os traços da época de transição do capitalismo para uma estrutura econômica e social mais elevada. Economicamente, é fundamental nesse processo a substituição da livre concorrência capitalista pelos monopólios capitalistas. A livre concorrência é a característica fundamental do capitalismo e da produção mercantil em geral; o monopólio é o oposto direto da livre concorrência, mas esta última começou a se transformar diante dos nossos olhos em monopólio, criando a grande produção, suplantando a pequena, substituindo a grande por uma maior, terminando por concentrar a produção e o capital de tal maneira que, a partir dele, surgiu e surge o monopólio: os cartéis, os sindicatos, os trustes, fundindo-se com eles o capital de uma escassa dezena de bancos que manipulam bilhões. Ao mesmo tempo, os monopólios, que derivam da livre concorrência, não a eliminam, mas existem acima e ao lado dela, engendrando, assim, contradições, atritos e conflitos particularmente agudos e severos. O monopólio é a transição do capitalismo para um sistema mais elevado.

Se fosse indispensável dar uma definição o mais breve possível do imperialismo, seria preciso dizer que o imperialismo é o estágio monopolista do capitalismo. Essa definição compreenderia o principal, pois, por um lado, o capital financeiro é o capital bancário de alguns grandes bancos monopolistas fundido com o capital das associações monopolistas de industriais e, por outro, a partilha do mundo é a transição de uma política colonial que se estendeu sem obstáculos às regiões não apropriadas por nenhuma potência capitalista para uma política colonial de posse monopolista dos territórios da Terra, já inteiramente repartida.

Mas as definições excessivamente breves, ainda que convenientes, pois contêm o principal, são de qualquer maneira insuficientes, já que se devem extrair delas especialmente traços muito importantes daquilo que se deve definir. Por isso, sem esquecer o caráter condicional e relativo de todas as definições em geral, que nunca podem abranger, em todos os seus aspectos, as múltiplas relações de um fenômeno no seu completo desenvolvimento, convém dar uma definição do imperialismo que inclua os cinco traços fundamentais seguintes: 1) a concentração da produção e do capital elevada a um patamar tão elevado de desenvolvimento que criou os monopólios, os quais desempenham um papel decisivo na vida econômica; 2) a fusão do capital bancário com o capital industrial e a criação, baseada nesse "capital financeiro", da oligarquia financeira; 3) a exportação de capital, diferentemente da exportação de mercadorias, adquire um significado particularmente importante; 4) a formação de associações internacionais monopolistas de capitalistas, que dividem o mundo entre si, e 5) o término da partilha territorial do mundo entre as grandes potências capitalistas. O imperialismo é o capitalismo no estágio de desenvolvimento em que se formou a dominação dos monopólios e do capital financeiro, adquiriu marcada importância a exportação de capital, deu-se início à partilha do mundo pelos trustes internacionais e terminou a partilha de toda a Terra entre os grandes países capitalistas.

Mais adiante veremos como se pode e deve definir de outro modo o imperialismo, se tivermos em vista não só os conceitos fundamentais puramente econômicos (aos quais se limita a definição dada), mas também o lugar histórico que esse estágio do capitalismo ocupa em relação ao capitalismo em geral, ou a relação entre o imperialismo e as duas tendências fundamentais do movimento operário. Agora devemos notar que, interpretado no sentido indicado, o imperialismo representa em si, sem dúvida, um estágio particular de desenvolvimento do capitalismo. Para oferecer ao leitor uma apresentação o mais fundamentada possível do imperialismo, procuramos deliberadamente reproduzir o maior número de opiniões de economistas *burgueses* que se viram obrigados a reconhecer os fatos mais recentes da economia capitalista, estabelecidos de maneira particularmente incontestável. Com o mesmo objetivo, reproduzimos dados estatísticos minuciosos que permitem ver até que ponto cresceu o capital bancário etc., em que precisamente se expressa a transição da quantidade para a qualidade, a transição do capitalismo desenvolvido para o imperialismo. Não é preciso dizer, claro, que na natureza e na sociedade todos os limites são convencionais e mutáveis, que seria absurdo discutir, por exemplo, o ano ou a década precisa em que se instaurou "definitivamente" o imperialismo.

Mas, sobre a definição do imperialismo, é preciso discutir sobretudo com Kautsky, o principal teórico marxista da época da chamada Segunda Internacional, ou seja, dos 25 anos compreendidos entre 1889 e 1914. Kautsky se colocou de maneira absolutamente decisiva em 1915, e já em novembro de 1914, contra as ideias fundamentais expressas na nossa definição do imperialismo, afirmando que se deve entender por imperialismo não uma "fase" ou um patamar da economia, mas uma política, justamente uma política determinada, a política "preferida" pelo capital financeiro, que é impossível "identificar" o imperialismo com o capitalismo contemporâneo, que, se se entende por imperialismo "todos os fenômenos do capitalismo contemporâneo" – cartéis, protecionismo, dominação dos financeiros, política colonial –, então a questão da necessidade do imperialismo para o capitalismo se reduz à "tautologia mais rasteira", pois nesse caso, "evidentemente, o imperialismo é uma necessidade vital para o capitalismo" etc. Expressaremos com a máxima exatidão o pensamento de Kautsky se reproduzirmos a sua definição do imperialismo, diametralmente oposta à essência das ideias por nós expostas (pois as objeções do campo dos marxistas alemães que defenderam ideias semelhantes no decorrer de uma série de anos são já conhecidas desde há muito por Kautsky como objeções de uma corrente determinada do marxismo).

A definição de Kautsky é a seguinte:

O imperialismo é um produto do capitalismo industrial altamente desenvolvido. Consiste na tendência de toda nação capitalista industrial a submeter ou anexar cada vez mais regiões *agrárias* [o itálico é de Kautsky], quaisquer que sejam as nações que as povoam.[1]

Essa definição não serve absolutamente para nada, visto que destaca de modo unilateral, ou seja, arbitrário, apenas a questão nacional (ainda que também seja da maior importância, tanto em si como em sua relação com o imperialismo), arbitrária e *incorretamente* relacionando-a *apenas* com o capital industrial dos países que anexam outras nações, e colocando em primeiro plano, da mesma forma arbitrária e incorreta, a anexação das regiões agrárias.

O imperialismo tem uma tendência a anexações: eis a que se reduz a parte *política* da definição de Kautsky. Ela está correta, mas é extremamente incompleta, pois no aspecto político o imperialismo é em geral uma tendência à violência e à reação. Aqui nos ocupamos, todavia, do aspecto *econômico* que o *próprio* Kautsky introduziu na *sua* definição. As incorreções da definição de Kautsky saltam à vista. O que é característico do imperialismo *não* é justamente o capital industrial, mas o capital financeiro. Não é um acaso o fato de que, na França, justamente o desenvolvimento particularmente rápido do capital *financeiro*, com o enfraquecimento do capital industrial, tenha provocado, a partir da década de 1880, uma intensificação extrema da política anexionista (colonial). O que é característico do imperialismo é justamente a tendência à anexação *não só* das regiões agrárias, mas mesmo das mais industriais (apetites alemães pela Bélgica; franceses pela Lorena), pois, em primeiro lugar, ao concluir a divisão do globo, ele é obrigado a fazer uma *redistribuição*, colocar a mão sobre *todo o tipo* de terras; em segundo lugar, faz parte da própria essência do imperialismo a competição de várias grandes potências em suas aspirações à hegemonia, ou seja, a tomada de terras não tanto para si diretamente, mas para enfraquecer o adversário e minar a hegemonia *dele* (para a Alemanha, a Bélgica é especialmente importante

---

[1] Karl Kautsky, "Der Imperialismus", *Die Neue Zeit*, v. 32, n. 2, 11 set. 1914, p. 909; ver também "Zwei Schriften Zum Umlernen", *Die Neue Zeit*, v. 33, n. 2, 23 abr. 1915, p. 107 e seg.

como ponto de apoio contra a Inglaterra; para a Inglaterra, Bagdá é ponto de apoio contra a Alemanha etc.).

Kautsky remete-se particularmente – e repetidas vezes – aos ingleses, que teriam formulado o significado puramente político da palavra "imperialismo" no sentido em que ele, Kautsky, entende. Tomemos o inglês Hobson e leremos no seu livro *Imperialismo*, publicado em 1902:

> O novo imperialismo distingue-se do velho primeiro porque, em vez da aspiração de um só império crescente, segue a teoria e a prática de impérios que competem, cada um guiando-se por idênticos apetites de expansão política e lucro comercial; segundo, em virtude da predominância dos interesses financeiros, ou relativos ao investimento de capital, sobre os interesses comerciais.[2]

Como vemos, Kautsky está absolutamente errado em sua referência aos ingleses em geral (ele poderia ter referenciado os imperialistas ingleses vulgares ou os apologistas declarados do imperialismo). Como vemos, Kautsky, alegando que continua a defender o marxismo, na prática dá um passo atrás em relação ao *social-liberal* Hobson, o qual considera, com mais acerto do que ele, as duas particularidades "históricas concretas" (Kautsky, com a sua definição, troça precisamente do caráter histórico concreto!) do imperialismo contemporâneo: 1) concorrência de *vários* imperialismos; 2) predomínio do financeiro sobre o comercial. E se se trata essencialmente do fato de um país industrial ter anexado um país agrário, então atribui-se o papel principal ao comercial.

A definição de Kautsky não só é incorreta e não marxista. Ela serve de base a um sistema inteiro de concepções que rompem em toda a linha com a teoria marxista e com a atuação prática marxista de que falaremos mais adiante. Carece absolutamente de seriedade a discussão de palavras levantada por Kautsky: o patamar mais recente do capitalismo deveria ser denominado imperialismo ou patamar do capital financeiro? Denomine--se como quiser, é indiferente. O essencial é que Kautsky separa a política do imperialismo da sua economia, interpretando as anexações como a política "preferida" pelo capital financeiro, e contrapondo a ela outra política

[2] John A. Hobson, *Imperialism*, cit., p. 324.

possível supostamente burguesa sobre a mesma base do capital financeiro. Conclui-se que os monopólios na economia são compatíveis com o modo de atuar não monopolista, não violento, não anexionista, na política. Conclui-se que a partilha territorial da Terra, finalizada precisamente na época do capital financeiro, e que serve de base para a peculiaridade das formas atuais de rivalidade entre os maiores Estados capitalistas, é compatível com uma política não imperialista. Disso resulta a dissimulação, o ocultamento, das contradições mais basilares do mais recente patamar do capitalismo, em vez da exposição de toda a sua profundidade; disso resulta o reformismo burguês, em vez do marxismo.

Kautsky discute com o apologista alemão do imperialismo e das anexações Cunow, que discorre de maneira grosseira e cínica: o imperialismo é o capitalismo contemporâneo; o desenvolvimento do capitalismo é inevitável e progressivo; portanto, o imperialismo é progressivo; portanto, devemos ser servis ao imperialismo e glorificá-lo! Algo semelhante à caricatura dos marxistas russos que os populistas faziam nos anos 1894 e 1895: se os marxistas consideram que o capitalismo é inevitável e progressivo na Rússia, diziam os populistas, devem dedicar-se a abrir tabernas e fomentar o capitalismo. Kautsky objeta a Cunow: não, o imperialismo não é o capitalismo contemporâneo, mas apenas uma das formas da sua política; podemos e devemos lutar contra essa política, lutar contra o imperialismo, contra as anexações etc.

A objeção, completamente plausível na aparência, equivale, na realidade, a uma defesa mais sutil, mais velada (e por isso mesmo mais perigosa) da conciliação com o imperialismo, pois uma "luta" contra a política dos trusts e dos bancos que deixe intactas as bases da economia de uns e outros não passa de reformismo e pacifismo burgueses, não vai além das boas e inofensivas intenções. Voltar as costas às contradições existentes, esquecer as mais importantes, em vez de as descobrir em toda a sua profundidade: eis a teoria de Kautsky, o que nada tem a ver com o marxismo. E é evidente que tal "teoria" serve apenas para defender a ideia da unidade com os Cunow!

"Do ponto de vista puramente econômico", escreve Kautsky, "não está excluído que o capitalismo passe ainda por uma nova fase, a aplicação da política dos cartéis à política externa, a fase do ultraimperialismo"[3], isto é, o superimperialismo, a união dos imperialismos de todo o mundo, e não a luta entre eles, a fase da cessação das guerras sob o capitalismo, a fase da "exploração geral do mundo pelo capital financeiro, unido internacionalmente"[4].

Será preciso que nos detenhamos mais adiante nessa teoria do ultraimperialismo, com o fito de demonstrar mais detalhadamente até que ponto ela rompe irremediável e decididamente com o marxismo. O que aqui devemos fazer, conforme o plano geral do nosso trabalho, é dar uma olhada nos dados econômicos precisos relativos a essa questão. "De um ponto de vista puramente econômico" seria possível o "ultraimperialismo", ou seria isso um ultradisparate?

Se por ponto de vista puramente econômico entende-se a "pura" abstração, tudo o que se pode dizer reduz-se à seguinte tese: o desenvolvimento vai na direção do monopólio, portanto vai na direção de um monopólio mundial único, de um truste mundial único. Isso é indiscutível, mas, ao mesmo tempo, é absolutamente vazio, como seria dizer que o "desenvolvimento vai na direção" da produção dos artigos alimentares em laboratórios. Nesse sentido, a "teoria" do ultraimperialismo é tão absurda como seria a "teoria da ultra-agricultura".

Mas se falamos das condições "puramente econômicas" da época do capital financeiro, como de uma época historicamente concreta, localizada nos princípios do século XX, a melhor resposta às abstrações mortas do "ultraimperialismo" (que servem exclusivamente a um objetivo dos mais reacionários: desviar a atenção das profundas contradições *existentes*) é contrapor-lhes a realidade econômica concreta da economia mundial moderna. As divagações desprovidas de conteúdo de Kautsky sobre o ultraimperialismo estimulam, entre outras coisas, a ideia profundamente errada, que põe água no moinho dos apologistas do imperialismo, de que o domínio do capital financeiro *atenua* a desigualdade e as contradições da economia mundial, quando, na realidade, o que faz é acentuá-las.

---

[3] Karl Kautsky, "Der Imperialismus", cit., p. 921; ver também "Zwei Schriften Zum Umlernen", cit., p. 107 e seg.
[4] Idem, "Zwei Schriften Zum Umlernen", cit., p. 144.

R. Calwer, em seu livreto *Introdução à economia mundial*[5], procurou resumir os principais dados puramente econômicos que permitem ter uma ideia concreta das relações na economia mundial em fins do século XIX e princípios do século XX. Calwer divide o mundo em cinco regiões econômicas principais: 1) a da Europa Central (toda a Europa, com exceção da Rússia e da Inglaterra); 2) a britânica; 3) a da Rússia; 4) a asiática oriental, e 5) a dos Estados Unidos, incluindo as colônias nas "regiões" dos Estados a que pertencem e "deixando de lado" alguns países não incluídos nas regiões, por exemplo: Pérsia, Afeganistão e Arábia, na Ásia; Marrocos e Abissínia, na África etc.

O seguinte quadro reflete, de forma resumida, os dados econômicos fornecidos pelo referido autor sobre as regiões citadas.

Principais regiões econômicas do mundo	Área (em milhões de km²)	População (em milhões de habitantes)	Meios de comunicação		Comércio	Indústria		
			Ferrovias (em milhares de km)	Marinha mercante (em milhões de toneladas)	Importações e exportações (em bilhões de marcos)	Carvão (em milhões de toneladas)	Ferro fundido (em milhões de toneladas)	Fusos na indústria algodoeira (em milhões)
1) Da Europa Central	27,6 (23,6)[6]	388 (146)	204	8	41	251	15	26
2) Britânica	28,9 (28,6)	398 (355)	140	11	25	249	9	51
3) Da Rússia	22	131	63	1	3	16	3	7
4) Asiática oriental	12	389	8	1	2	8	0,02	2
5) Dos Estados Unidos	30	148	379	6	14	245	14	19

Vemos três regiões com um capitalismo altamente desenvolvido (alto desenvolvimento dos meios de comunicação, do comércio e da indústria): a da

---

[5] Richard Calwer, *Einführung in die Weltwirtschaft* (Berlim, S. Simon, 1906).
[6] Os números entre parênteses indicam a área e a população das colônias.

Europa Central, a britânica e a estadunidense. Entre elas, três Estados que exercem o domínio do mundo: a Alemanha, a Inglaterra e os Estados Unidos. A competição imperialista e a luta entre esses Estados encontram-se extremamente exacerbadas em virtude de a Alemanha dispor de uma região insignificante e poucas colônias; a criação de uma "Europa Central" é ainda coisa do futuro e nasce por meio de uma luta desesperada. Por enquanto, o traço característico de toda a Europa é o fracionamento político. Nas regiões britânica e estadunidense, pelo contrário, é muito elevada a concentração política, mas há uma desproporção enorme entre a imensidão das colônias da primeira e a insignificância das da segunda. E, nas colônias, o capitalismo apenas começa a se desenvolver. A luta pela América do Sul vai se exacerbando cada dia mais.

Há duas regiões nas quais o capitalismo está desenvolvido de maneira frágil: a da Rússia e a asiática oriental. Na primeira, a densidade da população é extremamente fraca; na segunda, é elevadíssima; na primeira, a concentração política é grande; na segunda, não existe. A partilha da China está apenas começando, e a luta entre o Japão, os Estados Unidos etc., para se apoderar dela é cada vez mais intensa.

Comparemos essa realidade – a variedade gigantesca de condições econômicas e políticas, a desproporção extrema na rapidez de desenvolvimento dos diferentes países etc., a luta furiosa entre os Estados imperialistas – com a ingênua fábula de Kautsky sobre o ultraimperialismo "pacífico". Não seria isso uma tentativa reacionária de um pequeno-burguês assustado que deseja se esconder da terrível realidade? Será que os cartéis internacionais, nos quais Kautsky vê os germes do "ultraimperialismo" (do mesmo modo que a produção de comprimidos em laboratórios "poderia" ser qualificada de embrião da ultra-agricultura), não nos mostram o exemplo da partilha *e da redistribuição* do mundo, a transição da partilha pacífica para a não pacífica, e vice-versa? Será que o capital financeiro estadunidense e o de outros países, que dividiram todo o mundo pacificamente entre si – com a participação da Alemanha, por exemplo, no sindicato internacional dos trilhos ou no truste internacional da marinha mercante –, não estão hoje *redistribuindo* o mundo com base na nova correlação de forças, a qual se modifica de uma maneira que *nada* tem de pacífica?

O capital financeiro e os trustes não atenuam, mas acentuam a diferença entre a velocidade de crescimento dos diferentes elementos da economia mundial. E uma vez que a correlação de forças mudou, como se podem resolver as contradições, *sob o capitalismo*, a não ser pela *força*? A estatística das ferrovias[7] proporciona dados extraordinariamente exatos sobre a diferença na velocidade do crescimento do capitalismo e do capital financeiro em toda a economia mundial. Durante as últimas décadas de desenvolvimento imperialista, a extensão das ferrovias se alterou do seguinte modo:

Extensão das ferrovias (em milhares de quilômetros)

	1890		1913		Diferença	
Europa	224		346		+122	
Estados Unidos da América	268		411		+143	
Todas as colônias	82	} 125	210	} 347	+128	} +222
Estados independentes ou semi-independentes da Ásia e da América	43		137		+94	
Total	617		1.104			

As ferrovias se desenvolveram, portanto, com maior rapidez nas colônias e nos Estados independentes (e semi-independentes) da Ásia e da América. É fato conhecido que o capital financeiro dos quatro ou cinco maiores Estados capitalistas reina e governa ali de modo absoluto. Duzentos mil quilômetros de novas ferrovias nas colônias e em outros países da Ásia e da América significam mais de 40 bilhões de marcos de novos investimentos de capital em condições particularmente vantajosas, com garantias especiais de rendimento, com encomendas lucrativas para as fundições de aço etc. etc.

O capitalismo cresce mais rapidamente nas colônias e nos países ultramarinos. Entre eles, aparecem *novas* potências imperialistas (Japão). A luta entre os imperialistas mundiais se agrava. Aumenta o tributo que o capital

---

[7] *Statistisches Jahrbuch für das Deutsche Reich*, 1915; *Archiv für Eisenbahnwesen*, 1892. No que se refere a 1890, foi preciso determinar aproximadamente algumas pequenas particularidades sobre a distribuição das ferrovias entre as colônias dos diferentes países.

financeiro recebe das empresas coloniais e ultramarinas, particularmente lucrativas. Na partilha desse "espólio", uma fração excepcionalmente grande cai nas mãos de países que nem sempre estão em um dos primeiros lugares do ponto de vista do ritmo de desenvolvimento das forças produtivas. Nas potências mais importantes, tomadas em conjunto com suas colônias, a extensão das ferrovias era a seguinte:

Extensão das ferrovias (em milhares de quilômetros)

	1890	1913	Diferença
Estado Unidos	268	413	+145
Império Britânico	107	208	+101
Rússia	32	78	+46
Alemanha	43	68	+25
França	41	63	+22
Total para as 5 potências	491	830	+339

Assim, cerca de 80% de todas as ferrovias estão concentradas nas cinco maiores potências. Mas a concentração da *propriedade* dessas vias, a concentração do capital financeiro, é ainda incomparavelmente mais significativa, porque, por exemplo, a imensa maioria das ações e obrigações das ferrovias estadunidenses, russas e de outros países pertence aos milionários ingleses e franceses.

Graças às suas colônias, a Inglaterra aumentou a sua rede ferroviária em 100 mil quilômetros, quatro vezes mais do que a Alemanha. Entretanto, é amplamente conhecido que o desenvolvimento das forças produtivas da Alemanha nesse mesmo período, e sobretudo o desenvolvimento da produção carvoeira e siderúrgica, foi incomparavelmente mais rápido do que na Inglaterra, sem falar na França e na Rússia. Em 1892, a Alemanha produziu 4,9 milhões de toneladas de ferro fundido contra 6,8 milhões da Inglaterra, enquanto em 1912 produzia já 17,6 milhões contra 9 milhões, isto é, uma superioridade gigantesca sobre a Inglaterra[8]! Pergunta-se: *no terreno do*

---

[8] Compara-se também com Edgar Crammond, "The Economic Relations of the British and German Empires", *Journal of the Royal Statistical Society*, jul. 1914, p. 777 e seg.

capitalismo, que outro meio poderia haver, além da guerra, para eliminar a desproporção existente entre o desenvolvimento das forças produtivas e a acumulação de capital, por um lado, e, por outro, a partilha das colônias e das "esferas de influência" do capital financeiro?

VIII
O PARASITISMO E A DECOMPOSIÇÃO DO CAPITALISMO

Convém agora nos determos em outro aspecto muito importante do imperialismo, que na maioria das vezes é avaliado de modo insuficiente na maioria das argumentações sobre o tema. Uma das deficiências do marxista Hilferding é ter dado um passo atrás em relação ao não marxista Hobson. Estamos falando do parasitismo característico do imperialismo.

Como vimos, a base econômica mais profunda do imperialismo é o monopólio. Trata-se do monopólio capitalista, ou seja, que nasceu do capitalismo e se encontra no ambiente geral do capitalismo, da produção mercantil, da concorrência, numa contradição constante e insolúvel com esse ambiente geral. Não obstante, como todo monopólio, engendra inevitavelmente uma tendência à estagnação e à decomposição. Na medida em que se fixam preços monopolistas, ainda que temporariamente, desaparecem até certo ponto as causas estimulantes do progresso técnico e, portanto, de qualquer outro progresso, de qualquer avanço; surge, assim, além disso, a possibilidade *econômica* de conter artificialmente o progresso técnico. Exemplo: nos Estados Unidos, um tal de Owens inventou uma máquina que provocou uma revolução na fabricação de garrafas. O cartel alemão de fabricantes de garrafas comprou-lhe as patentes e guardou-as a sete chaves, atrasando a sua aplicação. É claro que, sob o capitalismo, o monopólio não pode nunca eliminar completamente e por muito tempo a concorrência no mercado mundial (esta é, entre outras, uma das razões por que a teoria do ultraimperialismo é um disparate). É claro que a possibilidade de diminuir os gastos de produção e aumentar os lucros, implantando aperfeiçoamentos técnicos, atua a favor das modificações. Mas a *tendência* à estagnação e à decomposição, inerente ao monopólio, por sua vez, continua a operar e, em certos ramos da indústria e em certos países, há períodos em que consegue se impor.

O monopólio da posse de colônias particularmente vastas, ricas ou favoravelmente situadas atua no mesmo sentido.

Adiante. O imperialismo é uma enorme acumulação em um pequeno número de países de um capital monetário que, como vimos, chega de 100 bilhões a 150 bilhões de francos em títulos. Daí o incremento extraordinário da classe ou, melhor dizendo, da camada dos rentistas, ou seja, de pessoas que vivem do "corte de cupons"; pessoas que não participam de nada em nenhuma empresa; pessoas cuja profissão é a ociosidade. A exportação de capital, uma das bases econômicas mais essenciais do imperialismo, acentua ainda mais essa desconexão completa entre a camada dos rentistas e a da produção e imprime a marca do parasitismo em todo o país que vive da exploração do trabalho de vários países e colônias ultramarinos.

"Em outras palavras, em 1893", diz Hobson, "o capital britânico investido no estrangeiro representava cerca de 15% de toda a riqueza do Reino Unido."[1] Lembremos que, em 1915, esse capital havia aumentado cerca de duas vezes e meia. Acrescenta Hobson adiante:

> O imperialismo agressivo, que tão caro custa aos contribuintes e tão pouco valor tem para o industrial e para o comerciante [...] é fonte de grandes lucros para o investidor que não consegue encontrar em casa o uso lucrativo que procura para o seu capital [em inglês, essa ideia se exprime com uma só palavra: "*investor*"*, "investidor", rentista]. Sir R. Giffen [especialista em problemas de estatística] estima em 18 milhões de libras esterlinas [cerca de 170 milhões de rublos], calculando à razão de 2,5% sobre um movimento total de 800 milhões de libras, o rendimento anual que a Grã-Bretanha recebeu em 1899 do seu comércio externo e colonial.

Por maior que seja, essa soma não pode explicar o imperialismo agressivo da Grã-Bretanha. O que o explica são os 90 milhões ou 100 milhões de libras esterlinas que representam o rendimento do capital "investido", o rendimento da camada dos rentistas.

---

[1] John A. Hobson, *Imperialism*, cit., p. 59 e 62-3.
* Em inglês, transliterado em russo no original. (N. R. T.)

O rendimento dos rentistas é *cinco vezes* maior que o rendimento do comércio externo do país mais "comercial" do mundo! Eis a essência do imperialismo e do parasitismo imperialista.

O conceito de "Estado rentista" (*Rentnerstaat*), ou Estado usurário, torna-se assim de uso geral na literatura econômica sobre o imperialismo. O mundo ficou dividido em um punhado de Estados usurários e uma maioria gigantesca de Estados devedores. Escreve Schulze-Gaevernitz:

> Entre os capitais investidos no estrangeiro encontra-se, em primeiro lugar, o capital colocado nos países politicamente dependentes ou aliados: a Inglaterra faz empréstimos ao Egito, ao Japão, à China e à América do Sul. Em casos extremos, a sua esquadra desempenha as funções de oficial de diligências. A força política da Inglaterra a resguarda da indignação dos seus devedores.[2]

Sartorius von Waltershausen, no livro *O sistema econômico de investimentos de capital no estrangeiro*, apresenta a Holanda como modelo de "Estado rentista" e aponta que também a Inglaterra e a França estão assumindo esse caráter[3]. Schilder considera que existem cinco países industriais que são "países credores bem definidos": Inglaterra, França, Alemanha, Bélgica e Suíça. Se ele não inclui a Holanda nesse grupo é unicamente por ser ela "pouco industrial"[4]. Os Estados Unidos são credores apenas em relação à América. Diz Schulze-Gaevernitz:

> A Inglaterra converte-se paulatinamente de Estado industrial em Estado credor. Apesar do aumento absoluto da produção e da exportação industriais, cresce a importância relativa para toda a economia nacional das receitas procedentes dos juros e dividendos, das emissões, das comissões e da especulação. Na minha opinião, é precisamente isso que constitui a base econômica da ascendência imperialista. O credor está mais solidamente ligado ao devedor do que o vendedor ao comprador.[5]

---

[2] Gerhard von Schulze-Gaevernitz, *Britischer Imperialismus und englischer Freihandel zu Beginn des 20-tem Jahrbunderts*, cit., p. 320 e outras.
[3] Sartorius von Waltershausen, *Das volkswirtschaftliche System der Kapitalanlage im Ausland*, Livro 4, cit.
[4] Sigmund Schilder, *Entwicklungstendenzen der Weltwirtschaft*, cit., p. 393.
[5] Gerhard von Schulze-Gaevernitz, *Britischer Imperialismus und englischer Freihandel zu Beginn des 20-tem Jahrbunderts*, cit., p. 122.

Em relação à Alemanha, A. Lansburgh, editor da revista berlinense *Die Bank*, escrevia o seguinte em 1911, no artigo "A Alemanha, Estado rentista": "Na Alemanha, as pessoas riem facilmente da tendência verificada na França de se transformar em rentista. Mas esquecem-se de que, no que se refere à burguesia, as condições da Alemanha se parecem cada vez mais com as da França"[6].

O Estado rentista é o Estado do capitalismo parasitário e em decomposição, e essa circunstância não pode deixar de se refletir tanto em todas as condições políticas e sociais dos países respectivos em geral quanto nas duas tendências fundamentais do movimento operário em particular. Para mostrar da maneira mais evidente possível, concedemos a palavra a Hobson, a testemunha mais "confiável", já que não pode ser suspeito de parcialidade a favor da "ortodoxia marxista"; por outro lado, sendo inglês, conhece bem a situação do país mais rico em colônias, em capital financeiro e em experiência imperialista.

Ao descrever, sob a impressão viva da guerra anglo-bôer, as conexões entre o imperialismo e os interesses dos "financistas", o aumento dos lucros resultantes dos contratos, dos fornecimentos etc., Hobson dizia:

> Os orientadores dessa política nitidamente parasitária são os capitalistas; mas os mesmos motivos atuam também sobre categorias especiais de operários. Em muitas cidades, os ramos mais importantes da indústria dependem das encomendas do governo; o imperialismo dos centros da indústria metalúrgica e da construção naval depende em grande parte desse fato.

Fatores de duas ordens, na opinião do autor, reduziram a força dos velhos impérios: 1) o "parasitismo econômico" e 2) a formação de exércitos com soldados dos povos dependentes. "O primeiro é o costume do parasitismo econômico, pelo qual o Estado dominante utiliza as suas províncias, colônias e países dependentes para enriquecer a sua classe dirigente e subornar as classes inferiores para conseguir a sua aquiescência." Para que esse suborno se torne economicamente possível, seja qual for a forma pela qual se realize, é necessário – acrescentaremos por nossa conta – um elevado lucro monopolista.

[6] *Die Bank*, n. 1, 1911, p. 10-1.

No que se refere ao segundo fator, Hobson escreve:

Um dos sintomas mais estranhos da cegueira do imperialismo é a despreocupação com que a Grã-Bretanha, a França e outras nações imperialistas embarcam nessa perigosa dependência. A Grã-Bretanha foi mais longe do que ninguém. A maior parte das batalhas com que conquistamos o nosso Império Indiano foram travadas por tropas nativas; na Índia, como ultimamente no Egito, grandes exércitos permanentes encontram-se sob o comando dos britânicos; quase todas as nossas guerras de conquista na África, com exceção do Sul, foram feitas para nós pelos nativos.

A perspectiva da partilha da China suscita em Hobson a seguinte apreciação econômica:

A maior parte da Europa Ocidental poderia adquirir então o aspecto e o caráter que têm atualmente certas partes dos países que a compõem: o Sul da Inglaterra, a Riviera e as regiões da Itália e da Suíça mais frequentadas pelos turistas são residência de gente rica, um punhado de ricos aristocratas que recebem dividendos e pensões do Extremo Oriente, com um grupo um pouco mais numeroso de empregados profissionais e comerciantes e um número maior de serventes e de operários ocupados nos transportes e na indústria voltada para o acabamento de artigos manufaturados; todos os principais ramos da indústria desapareceriam, e os produtos alimentares de grande consumo e os artigos semiacabados correntes afluiriam como um tributo da Ásia e da África. [...] Eis as possibilidades que abre diante de nós uma aliança mais vasta dos Estados ocidentais, uma federação europeia das *grandes* potências; tal federação, longe de impulsionar a civilização mundial, poderia implicar um perigo gigantesco de parasitismo ocidental: formar um grupo de nações industriais avançadas, cujas classes superiores receberiam enormes tributos da Ásia e da África; isso lhes permitiria manter grandes massas de empregados e criados submissos, ocupados não já na produção agrícola e industrial de artigos de grande consumo, mas no serviço pessoal ou no trabalho industrial secundário, sob o controle de uma nova aristocracia financeira. Que os que estão dispostos a menosprezar essa teoria [deveria dizer perspectiva] como indigna de ser examinada reflitam sobre as condições econômicas e sociais das regiões do Sul da Inglaterra hoje, que se encontram já nessa situação, reflitam sobre as proporções enormes que poderia adquirir esse sistema se a China fosse submetida ao controle econômico de tais grupos financeiros, dos investidores de capital, dos seus agentes políticos e empregados comerciais e industriais, que retirariam lucros do maior depósito potencial que o mundo jamais conheceu com o intuito de os consumirem na Europa. A situação é excessivamente complexa, o jogo das forças mundiais é demasiado difícil de calcular para que seja muito verossímil essa ou outra previsão do futuro numa única direção. Mas as influências que governam o imperialismo da Europa Ocidental na atualidade orientam-se nesse sentido, e se não chocarem com uma resistência, se não forem desviadas para outra direção, avançarão precisamente para, desse modo, culminar esse processo.[7]

O autor tem plena razão: *se* as forças do imperialismo não se depararem com uma resistência, conduzirão inevitavelmente a isso. O significado dos "Estados Unidos da Europa", na situação atual, imperialista, está aqui avaliado corretamente. Seria conveniente apenas acrescentar que, também *no* movimento operário, os oportunistas, hoje vencedores na maioria dos países, "trabalham" de maneira sistemática e firme nessa direção. O imperialismo, que significa a partilha do mundo e a exploração não apenas da China, e implica lucros monopolistas elevados para um punhado de países riquíssimos, gera a possibilidade econômica de subornar as camadas superiores do proletariado e, assim, alimenta, forma e fortalece o oportunismo. Não convém, contudo, esquecermos as forças que se opõem ao imperialismo em geral e ao oportunismo em particular, e que, evidentemente, o social-liberal Hobson não pode ver.

O oportunista alemão Gerhard Hildebrand, que a seu tempo foi excluído do partido por sua defesa do imperialismo, e que hoje poderia ser chefe do assim chamado Partido Social-Democrata da Alemanha, completa muito bem Hobson ao preconizar os "Estados Unidos da Europa Ocidental" (sem a Rússia) para empreender ações "comuns"... contra os negros africanos, contra o "grande movimento islamita", para manter "um forte exército e uma esquadra poderosa" contra a "coligação sino-japonesa"[8] etc.

A descrição que Schulze-Gaevernitz faz do "imperialismo britânico" mostra-nos os mesmos traços de parasitismo. O rendimento nacional da Inglaterra quase duplicou entre 1865 e 1898, enquanto as receitas provenientes

---

[7] John A. Hobson, *Imperialism*, cit., p. 103, 205, 144, 335 e 385-6.
[8] Gerhard Hildebrand, *Die Erschütterung der Industrieherrschaft und des Industriesozialismus* (Jena, Fischer, 1910), p. 229 e seg.

"do estrangeiro" durante esse mesmo período cresceram nove vezes. Se o "mérito" do imperialismo é "educar o negro para o trabalho" (o que não passa sem coerção...), o "perigo" do imperialismo consiste em que a "Europa descarregue o trabalho físico – a princípio o agrícola e mineiro, depois o trabalho industrial mais rude – sobre os ombros da população de pele escura e se reserve o papel de rentista, preparando talvez desse modo a emancipação econômica, e depois política, das raças de pele negra e de pele vermelha".

Na Inglaterra, retira-se uma parte cada vez maior de terra da agricultura para a entregar ao esporte, para as diversões dos ricos. No que se refere à Escócia – o lugar mais aristocrático para a caça e outros esportes –, diz-se que "vive do seu passado e do *mister* Carnegie" (um multimilionário estadunidense). Só nas corridas de cavalos e na caça às raposas, a Inglaterra gasta anualmente 14 milhões de libras esterlinas (cerca de 130 milhões de rublos). Na Inglaterra, o número de rentistas aproxima-se de 1 milhão. A porcentagem da população produtora diminui:

	População da Inglaterra (em milhões)	Número de operários das principais indústrias (em milhões)	Porcentagem em relação à população
1851	17,9	4,1	23%
1901	32,5	4,9	15%

O pesquisador burguês do "imperialismo britânico dos princípios do século XX", ao falar da classe operária inglesa, é obrigado a estabelecer sistematicamente uma diferença entre as *"camadas superiores"* dos operários e a *"camada inferior, proletária propriamente dita"*. A camada superior constitui a massa dos membros das cooperativas e dos sindicatos, das sociedades esportivas e das numerosas seitas religiosas. O sufrágio é adaptado ao seu nível, que na Inglaterra "é ainda *suficientemente limitado a fim de excluir a camada inferior proletária propriamente dita*" (!!!). Para embelezar a situação da classe operária inglesa, fala-se com frequência apenas dessa camada superior, que constitui a *minoria* do proletariado: por exemplo, "o problema do desemprego é algo que afeta principalmente Londres e a camada proletária inferior, *da qual os políticos fazem pouco caso...*"[9]. Deveria ser dito: da qual os politiqueiros burgueses e os oportunistas "socialistas" fazem pouco caso.

Entre as particularidades do imperialismo conectadas aos fenômenos que descrevemos, figuram a redução da emigração dos países imperialistas e o aumento da imigração (afluência de operários e migrações) para esses países de países mais atrasados, onde o nível dos salários é mais baixo. A emigração da Inglaterra, como nota Hobson, diminui a partir de 1884: nesse ano, o número de emigrantes foi de 242 mil, e de 169 mil em 1900. A emigração da Alemanha alcançou o máximo entre 1881 e 1890: 1,453 milhão, caindo nos dois decênios seguintes para 544 mil e 341 mil. Em contrapartida, aumentou o número de operários que chegaram à Alemanha vindos da Áustria, da Itália, da Rússia e de outros países. Segundo o censo de 1907, havia na Alemanha 1.342.294 estrangeiros, dos quais 440.800 eram operários industriais e 257.329 agrícolas[10]. Na França, "uma parte significativa" dos operários mineiros são estrangeiros: poloneses, italianos, espanhóis[11]. Nos Estados Unidos, os imigrados da Europa Oriental e Meridional ocupam os postos mais mal remunerados, enquanto os operários estadunidenses fornecem a maior porcentagem de capatazes e de pessoal que tem trabalhos mais bem remunerados[12]. O imperialismo tem tendência a formar categorias privilegiadas também entre os operários, e a destacá-las das amplas massas do proletariado.

É preciso notar que, na Inglaterra, a tendência do imperialismo a dividir os operários e acentuar o oportunismo entre eles, provocando uma decomposição temporária do movimento operário, manifestou-se muito antes do fim do século XIX e início do XX. Isso porque, desde meados do século passado, existiam na Inglaterra dois grandes traços distintivos do imperialismo: posses coloniais imensas e situação de monopólio no mercado mundial. Marx e Engels, por décadas, estudaram sistematicamente essa relação entre o

---

[9] Gerhard von Schulze-Gaevernitz, *Britischer Imperialismus und englischer Freihandel zu Beginn des 20-tem Jahrbunderts*, cit., p. 301.
[10] *Statistik des Deutschen Reichs*, v. 211.
[11] Hans Henger, *Die Kapitalsanlage der Franzosen* (Stuttgart, Cotta, 1913).
[12] Isaac A. Hourwich, *Immigration and Labour* (Nova York, Huebsch, 1913).

oportunismo no movimento operário e as particularidades imperialistas do capitalismo inglês. Engels, por exemplo, escreveu a Marx, em 7 de outubro de 1858:

> O proletariado inglês vai de fato se aburguesando cada vez mais; pelo que se vê, essa nação, a mais burguesa de todas, aspira a ter, no fim de contas, *ao lado* da burguesia, uma aristocracia burguesa e um proletariado burguês. Evidentemente, por parte de uma nação que explora o mundo inteiro, isso é, até certo, ponto, algo lógico.

Quase um quarto de século depois, numa carta de 11 de agosto de 1881, fala das "piores *trade-unions* inglesas que permitem que gente vendida à burguesia, ou, pelo menos, paga por ela, as dirija". E em 12 de setembro de 1882, numa carta a Kautsky, Engels escrevia:

> Pergunta-me o que pensam os operários ingleses da política colonial. O mesmo que pensam da política em geral: o mesmo que os burgueses pensam dela. Bom, aqui não há nenhum partido operário, há apenas partido conservador e liberal radical, e os operários comem com eles alegremente o seu bocado do monopólio do seu bocado mundial e do monopólio colonial da Inglaterra.[13]

(Engels expõe a mesma ideia no prefácio à segunda edição de *A situação da classe trabalhadora na Inglaterra*, 1892.)*

Aqui estão claramente indicadas as causas e as consequências. Causas: 1) exploração do mundo inteiro por esse país; 2) a sua situação de monopólio no mercado mundial; 3) o seu monopólio colonial. Consequências: 1) aburguesamento de uma parte do proletariado inglês; 2) uma parte deste permite que a dirijam pessoas compradas pela burguesia ou, pelo menos, pagas por ela. O imperialismo do início do século XX concluiu a partilha do mundo entre um punhado de Estados e cada qual explora atualmente (no sentido da obtenção de superlucros) uma parte um pouco menor "de todo o mundo" que aquela que a Inglaterra explorava em 1858; cada qual ocupa uma posição

---

[13] *Briefwechsel von Marx und Engels*, v. 2, p. 290; v. 4, p. 433; Karl Kautsky, *Sozialismus und Kolonialpolitik* (Berlim, Vorwärts, 1907), p. 79. Esse opúsculo foi escrito nos tempos, já tão remotos, em que Kautsky era marxista.

* Ed. bras.: *A situação da classe trabalhadora na Inglaterra* (trad. B. A. Schumann, São Paulo, Boitempo, 2008), p. 345-58. (N. E.)

de monopólio no mercado mundial, graças aos trustes, aos cartéis, ao capital financeiro, às relações de credor e devedor; cada qual dispõe, até certo ponto, de um monopólio colonial (segundo vimos, de 75 milhões de quilômetros quadrados de todas as colônias do mundo, dos quais 65 milhões, isto é, 86%, estão concentrados nas mãos de seis potências; e 61 milhões, isto é, 81%, estão concentrados nas mãos de três potências).

O traço distintivo da situação atual é a existência de condições econômicas e políticas que não podiam deixar de tornar o oportunismo ainda mais incompatível com os interesses gerais e vitais do movimento operário: o imperialismo embrionário transformou-se no sistema dominante; os monopólios capitalistas ocuparam o primeiro plano na economia nacional e na política; a partilha do mundo foi levada a cabo; mas, em contrapartida, em vez do monopólio indiviso da Inglaterra, vemos um pequeno número de potências imperialistas travando uma luta para participar desse monopólio, a qual caracteriza todo o começo do século XX. O oportunismo não pode ser agora plenamente vitorioso no movimento operário de um país por longas décadas, como aconteceu na Inglaterra na segunda metade do século XIX, mas em alguns países atingiu a sua plena maturidade, passou essa fase e decompôs-se, fundindo-se completamente, sob a forma do social-chauvinismo, com a política burguesa[14].

---

[14] O social-chauvinismo russo dos senhores Potréssov, Tchkhenkéli, Máslov etc., tanto na sua forma declarada como na sua forma encoberta (os senhores Tchkheídze, Skóbelev, Akselrod, Mártov etc.), também nasceu do oportunismo, na sua variedade russa, a saber: o liquidacionismo.

IX
CRÍTICA DO IMPERIALISMO

Entendemos a crítica do imperialismo, no amplo sentido da palavra, como a atitude das diferentes classes da sociedade perante a política do imperialismo, de acordo com a sua ideologia geral.

As dimensões gigantescas do capital financeiro, concentrado em poucas mãos, criando uma rede extraordinariamente vasta e densa de relações e conexões e subordinando as massas não só dos pequenos e médios, mas também dos mais insignificantes capitalistas e empresários, por um lado, e, por outro, a exacerbação da luta contra outros grupos nacionais-estatais de financistas pela partilha do mundo e pelo domínio sobre outros países, tudo isso origina a transição indiscriminada de todas as classes possuidoras para o lado do imperialismo. O sinal do nosso tempo é o entusiasmo "geral" pelas perspectivas do imperialismo, a sua defesa furiosa, o seu embelezamento por todos os meios. A ideologia imperialista penetra também na classe operária. A muralha da China não a separa das outras classes. Se os líderes daquilo que atualmente é chamado de Partido "Social-Democrata" da Alemanha foram justamente qualificados de "social-imperialistas", ou seja, socialistas nas palavras, mas imperialistas na prática, Hobson assinalava já em 1902 a existência de "imperialistas fabianos" na Inglaterra, pertencentes à oportunista "Sociedade Fabiana".

Os cientistas e os publicistas burgueses geralmente defendem o imperialismo de uma forma um tanto velada, ocultando a dominação absoluta do imperialismo e as suas raízes profundas, buscando colocar em primeiro plano as particularidades e os pormenores secundários, esforçando-se por desviar a atenção do essencial por meio de projetos de "reformas" completamente desprovidos de seriedade, tais como o controle policial dos trustes ou dos bancos etc. São menos frequentes as manifestações dos imperialistas cínicos, declarados, que têm o mérito de reconhecer o absurdo da ideia de reformar as características fundamentais do imperialismo.

Daremos um exemplo. Os imperialistas alemães estão tentando, na publicação *Arquivo da Economia Mundial*, seguir de perto os movimentos de libertação nacional das colônias e, sobretudo, evidentemente, a das não alemãs. Assinalam a efervescência e os protestos na Índia, o movimento em Natal (África do Sul), na Índia Holandesa etc. Um deles, numa nota a propósito de uma publicação inglesa sobre a conferência de nações e raças submetidas, realizada de 28 a 30 de junho de 1910 com representantes de diversos povos da Ásia, África e Europa que se encontram sob domínio estrangeiro, avalia os discursos dessa conferência do seguinte modo:

> Dizem-nos que é preciso lutar contra o imperialismo; os Estados dominantes devem reconhecer o direito à independência dos povos submetidos; um tribunal internacional deve velar pelo cumprimento dos tratados concluídos entre as grandes potências e os povos fracos. A conferência não vai além desses votos piedosos. Não vemos o menor indício de compreensão da verdade de que o imperialismo está indissoluvelmente ligado ao capitalismo na sua forma atual e que por isso [!!!] a luta direta contra o imperialismo está condenada ao fracasso, a não ser que se limite a protestos contra alguns excessos particularmente odiosos.[1]

Uma vez que a correção reformista das bases do imperialismo é um engano, um "voto piedoso", uma vez que os representantes burgueses das nações oprimidas não "vão além" adiante, o burguês da nação opressora "vai além" *para trás*, para o servilismo em relação ao imperialismo encoberto por pretensões de "conhecimento científico". Bela "lógica"!

Saber se é possível modificar por meio de reformas as bases do imperialismo, se é possível ir adiante, agudizando e aprofundando ainda mais as contradições por ele geradas, ou se se deveria retroceder, atenuando-as, é uma das questões mais basilares da crítica do imperialismo. Uma vez que as particularidades políticas do imperialismo são a reação em toda a linha e a intensificação da opressão nacional, em conexão com a opressão da

---

[1] *Weltwirtschaftliches Archiv*, v. 2, p. 193.

oligarquia financeira e a supressão da livre concorrência, surgiu uma oposição democrática pequeno-burguesa ao imperialismo em quase todos os países imperialistas em princípios do século XX. E a ruptura com o marxismo, por parte de Kautsky e da vasta corrente internacional do kautskismo, consiste precisamente em que Kautsky, além de não se preocupar, de não saber enfrentar essa oposição pequeno-burguesa, reformista, fundamentalmente reacionária do ponto de vista econômico, praticamente se fundiu com ela.

Nos Estados Unidos, a guerra imperialista de 1898 contra a Espanha provocou a oposição dos "anti-imperialistas", os últimos moicanos da democracia burguesa, que qualificavam essa guerra de "criminosa", consideravam anticonstitucional a anexação de terras alheias, denunciavam como "um engano dos chauvinistas" a atitude em relação a Aguinaldo, o líder dos nativos filipinos (depois de lhe prometerem a liberdade do país, desembarcaram tropas estadunidenses e anexaram as Filipinas), e citavam as palavras de Lincoln: "Quando o branco governa a si mesmo, isso é autogoverno; quando governa a si mesmo e, ao mesmo tempo, governa outros, isso já não é autogoverno, é despotismo"[2]. Mas enquanto toda essa crítica temia reconhecer os laços indissociáveis existentes entre o imperialismo e os trustes e, portanto, entre o imperialismo e as bases do capitalismo, enquanto temia unir-se às forças geradas pelo grande capitalismo e seu desenvolvimento, não era mais do que um "voto piedoso".

Tal é também a posição fundamental de Hobson na sua crítica do imperialismo. Hobson antecipou-se a Kautsky ao erguer-se contra a "inevitabilidade do imperialismo" e invocar a necessidade de "elevar a capacidade de consumo" da população (sob o capitalismo!). Mantém uma posição pequeno-burguesa na crítica do imperialismo, da onipotência dos bancos, da oligarquia financeira etc., Agahd, Lansburgh e Eschwege, que citamos repetidas vezes, e, entre os escritores franceses, Victor Bérard, autor de uma obra superficial que apareceu em 1900 com o título *A Inglaterra e o imperialismo*. Todos eles, sem qualquer pretensão de marxismo, opõem ao imperialismo a livre concorrência e a democracia, condenam a aventura da ferrovia de Bagdá, que conduz a

---

[2] Joseph Patouillet, *L'Impérialisme américain* (Paris, A. Rousseau, 1904), p. 272.

conflitos e à guerra, manifestam o "voto piedoso" da paz etc.; assim o faz até mesmo A. Neymarck, especialista em estatística das emissões internacionais que, calculando as centenas de bilhões de francos de valores "internacionais", exclamava em 1912: "Como é possível supor que a paz possa ser posta em perigo? [...] Arriscar-se, em presença de números tão consideráveis, a provocar a guerra?"[3].

Vinda dos economistas burgueses, essa ingenuidade não surpreende: tanto mais que lhes convém parecer tão *ingênuos* e falar "a sério" da paz sob o imperialismo. Mas então o que resta a Kautsky de marxismo quando em 1914, 1915 e 1916 adota esse mesmo ponto de vista burguês reformista e afirma que "todos concordam" (imperialistas, pseudossocialistas e social--pacifistas) no que se refere à paz? Em vez de analisar e revelar em toda a sua profundidade as contradições do imperialismo, não vemos mais do que o "desejo piedoso" reformista de as evitar, de as ignorar.

Eis aqui uma pequena amostra da crítica econômica do imperialismo feita por Kautsky. Toma os dados sobre o movimento de exportação e importação entre a Inglaterra e o Egito em 1872 e 1912; ocorre que essas exportações e importações aumentaram menos do que as exportações e importações gerais da Inglaterra. E Kautsky infere: "Não temos nenhuma base para supor que, sem a ocupação militar do Egito, o comércio com ele teria crescido menos, sob a influência do simples peso dos fatores econômicos". "A melhor maneira de o capital realizar a sua tendência para a expansão" "não é por meio dos métodos violentos do imperialismo, mas pela democracia pacífica."[4]

Esse argumento de Kautsky repetido em todos os tons pelo seu escudeiro russo (e acobertador russo dos sociais-chauvinistas), sr. Spectator, é a base da crítica kautskista do imperialismo e, por isso, devemos nos deter nela de maneira mais detalhada. Comecemos com uma citação de Hilferding, cujas conclusões Kautsky declarou muitas vezes, por exemplo, em abril de 1915, serem "aceitas unanimemente por todos os teóricos socialistas". Diz Hilferding:

---

[3] Alfred Neymarck, "La Statistique internationale des valeurs mobilières", cit., p. 225.
[4] Karl Kautsky, *Nationalstaat, imperialistischer Staat und Staatenbund* (Nuremberg, Fränkische Verlagsanstalt, 1915), p. 72 e 70.

Não compete ao proletariado opor a política capitalista mais progressiva à política passada da época do livre comércio e da atitude hostil para com o Estado. A resposta do proletariado à política econômica do capital financeiro, ao imperialismo, não pode ser o livre comércio, mas apenas o socialismo. O objetivo da política proletária não pode ser atualmente a restauração da livre concorrência – que se converteu agora num ideal reacionário –, mas unicamente a destruição completa da concorrência mediante a supressão do capitalismo.[5]

Kautsky rompeu com o marxismo ao defender, para a época do capital financeiro, um "ideal reacionário", a "democracia pacífica", o "simples peso dos fatores econômicos", pois esse ideal arrasta *objetivamente* para trás, do capitalismo monopolista para o capitalismo não monopolista, e é um engano reformista.

O comércio com o Egito (ou com outra colônia ou semicolônia) "teria crescido" de maneira mais sólida *sem* a ocupação militar, sem o imperialismo, sem o capital financeiro. O que isso significa? Que o capitalismo se desenvolveria mais rapidamente se a livre concorrência não conhecesse a limitação que lhe impõem os monopólios em geral, as "relações" ou o jugo (isso também é monopólio) do capital financeiro e a posse monopolista das colônias por parte de alguns países?

Outro sentido a argumentação de Kautsky não pode ter, e esse "sentido" é um sem-sentido. Admitamos que *sim*, que a livre concorrência, sem monopólios de nenhuma espécie, *poderia* desenvolver o capitalismo e o comércio mais rapidamente. Mas quanto mais rápido é o desenvolvimento do comércio do capitalismo, mais intensa é a concentração da produção e do capital *que gera* o monopólio. E os monopólios *já* foram gerados, e justamente *da* livre concorrência! Mesmo que os monopólios agora tenham começado a refrear o seu desenvolvimento, não se trata, de qualquer maneira, de um argumento a favor da livre concorrência, que se tornou impossível depois de ter gerado os monopólios.

Por mais voltas que se dê nos argumentos de Kautsky, não se encontrará nada além de reacionarismo e reformismo burguês.

---

[5] Rudolf Hilferding, *Das Finanzkapital*, cit., p. 567.

Se corrigirmos essa argumentação e dissermos, como faz Spectator, que o comércio das colônias da Inglaterra com a metrópole progride, na atualidade, mais lentamente do que com outros países, isso também não salvará Kautsky. Pois a Inglaterra é batida *também* pelo monopólio, *também* pelo imperialismo, mas de outros países (os Estados Unidos, a Alemanha). Sabe-se que os cartéis conduziram ao estabelecimento de direitos aduaneiros protecionistas de um tipo novo, original: protegem-se (Engels já o notou no Livro 3 de *O capital*) precisamente os produtos suscetíveis de serem exportados. É também conhecido o sistema, próprio dos cartéis e do capital financeiro, de "exportação a preço ínfimo", o *dumping*, como dizem os ingleses: no interior do país, o cartel vende os seus produtos a um preço monopolista elevado, e no estrangeiro coloca-os a um preço baixíssimo, com o objetivo de arruinar o concorrente, ampliar ao máximo a própria produção etc. Se a Alemanha desenvolve o seu comércio com as colônias inglesas mais rapidamente do que a Inglaterra, isso demonstra apenas que o imperialismo alemão é mais fresco, mais forte, mais bem organizado do que o inglês, superior a ele, mas não demonstra, longe disso, a "superioridade" do livre comércio, porque não é o livre comércio lutando contra o protecionismo e contra a dependência colonial, mas um imperialismo lutando contra outro, um monopólio contra outro, um capital financeiro contra outro. A superioridade do imperialismo alemão sobre o inglês é mais forte do que a muralha das fronteiras coloniais ou dos direitos alfandegários protecionistas: tirar daí um "argumento" *a favor* do livre comércio e da "democracia pacífica" equivale a dizer banalidades, a esquecer os traços e as propriedades fundamentais do imperialismo, a substituir o marxismo pelo reformismo pequeno-burguês.

É interessante notar que mesmo o economista burguês Lansburgh, que critica o imperialismo de uma maneira tão pequeno-burguesa quanto Kautsky, acabou abordando mais cientificamente do que ele a ordenação dos dados da estatística comercial. Lansburgh não comparou um país tomado ao acaso, e precisamente uma colônia, com os demais países, mas as exportações de um país imperialista: 1) para os países que dependem financeiramente dele, que receberam empréstimos, e 2) para os países financeiramente independentes. Obteve-se o seguinte:

Exportações da Alemanha (em milhões de marcos)

		1889	1908	Aumento em porcentagem
Para os países financeiramente dependentes da Alemanha	Romênia	48,2	70,8	+47%
	Portugal	19,0	32,8	+73%
	Argentina	60,7	147,0	+143%
	Brasil	48,7	84,5	+73%
	Chile	28,3	52,4	+85%
	Turquia	29,9	64,0	+114%
	Total	234,8	451,5	+92%
Para os países financeiramente independentes da Alemanha	Grã-Bretanha	651,8	997,4	+53%
	França	210,2	437,9	+108%
	Bélgica	137,2	322,8	+135%
	Suíça	177,4	401,1	+127%
	Austrália	21,2	64,5	+205%
	Índias Holandesas	8,8	40,7	+363%
	Total	1.206,6	2.264,4	+87%

Lansburgh não fez a *soma* e, por isso, coisa estranha, não se deu conta de que *se* esses números provam alguma coisa é só *contra* ele, pois a exportação para os países financeiramente dependentes, *apesar de tudo*, cresceu mais rapidamente, embora não de maneira muito considerável, do que a exportação para os países financeiramente independentes (destacamos o nosso "se", pois a estatística de Lansburgh está muito longe de ser completa).

Referindo-se à relação entre a exportação e os empréstimos, Lansburgh diz:

> Em 1890-1891, foi fechado o acordo para o empréstimo romeno por intermédio dos bancos alemães, que nos anos anteriores já haviam adiantado dinheiro por sua própria conta. O empréstimo serviu principalmente para a aquisição de material ferroviário que vinha da Alemanha. Em 1891, a exportação alemã para a Romênia foi de 55 milhões de marcos. No ano seguinte, caiu para 39,4 milhões e, com intervalos, até 25,4 milhões em 1900. Só nestes últimos anos, graças a outros dois novos empréstimos, foi restabelecido o nível de 1891.
>
> A exportação alemã para Portugal aumentou, em consequência dos empréstimos de 1888 e 1889, para 21,1 milhões de marcos (1890); depois, nos dois anos

seguintes, caiu para 16,2 milhões e 7,4 milhões, e só alcançou o seu antigo nível em 1903.

São ainda mais expressivos os dados do comércio germano-argentino. Em consequência dos empréstimos de 1888 e 1890, a exportação alemã para a Argentina atingiu em 1889 o montante de 60,7 milhões de marcos. Dois anos mais tarde, era de apenas 18,6 milhões, menos de um terço. Só em 1901 é atingido e ultrapassado o nível de 1889, o que se deve aos novos empréstimos do Estado e das municipalidades, à concessão de dinheiro para a construção de fábricas de eletricidade e a outras operações de crédito.

A exportação para o Chile aumentou, em consequência do empréstimo de 1889, para 45,2 milhões de marcos (1892), caindo um ano depois para 22,5 milhões. Após novo empréstimo, concedido por intermédio dos bancos alemães em 1906, a exportação subiu para 84,7 milhões de marcos (1907), caindo de novo para 52,4 milhões em 1908.[6]

Lansburgh deduz desses fatos uma divertida moral pequeno-burguesa: como é inconsistente e desigual a exportação ligada aos empréstimos, como é ruim exportar capitais para o estrangeiro, em vez de fomentar a indústria nacional de forma "natural" e "harmônica", como ficam "caras", para Krupp, as gratificações de milhões e milhões que acompanham a concessão dos empréstimos estrangeiros etc. Mas os fatos falam com clareza: o aumento da exportação está relacionado *precisamente* com as fraudulentas maquinações do capital financeiro, que não se preocupa com a moral burguesa e arranca duas vezes a pele do boi: primeiro, o lucro do empréstimo e, segundo, o lucro desse mesmo empréstimo investido na aquisição de artigos da Krupp ou material ferroviário do sindicato do aço etc.

Repetimos que estamos longe de considerar perfeita a estatística de Lansburgh, mas era indispensável reproduzi-la, pois é mais científica do que a de Kautsky e Spectator, já que Lansburgh indica uma maneira acertada de abordar o problema. Para argumentar sobre o significado do capital financeiro no que se refere à exportação etc., é indispensável saber destacá-la de maneira especial e unicamente em sua relação com as maquinações dos financistas, de maneira especial e unicamente em sua relação com a venda dos

---

[6] *Die Bank*, n. 2, 1909, p. 819 e seg.

produtos dos cartéis etc. Limitar-se a comparar simplesmente as colônias em geral com as não colônias, um imperialismo com outro, uma semicolônia ou colônia (Egito) com todos os demais países, significa deixar de lado e escamotear precisamente a *essência* da questão.

É por isso que a crítica teórica do imperialismo de Kautsky não tem nada em comum com o marxismo; é por isso que serve apenas de ponto de partida para preconizar a paz e a unidade com os oportunistas e os sociais-chauvinistas, pois deixa de lado e oculta justamente as contradições mais profundas e fundamentais do imperialismo: as contradições entre os monopólios e a livre concorrência que existe paralelamente a eles, entre as "operações" gigantescas (e os lucros gigantescos) do capital financeiro e o comércio "honesto" no livre mercado, entre os cartéis e trustes, por um lado, e, por outro, a indústria não cartelizada etc.

Contém absolutamente o mesmo caráter reacionário a famosa teoria do "ultraimperialismo" inventada por Kautsky. Comparemos os seus argumentos sobre esse tema em 1915 com os de Hobson em 1902.

Kautsky:

Não poderá a política imperialista atual ser suplantada por outra nova, ultraimperialista, que, em vez da luta dos capitais financeiros entre si, estabelecesse a exploração comum de todo o mundo pelo capital financeiro unido internacionalmente? Tal nova fase do capitalismo, em todo caso, é concebível. A inexistência de premissas suficientes não permite resolver se é realizável ou não.[7]

Hobson:

O cristianismo consolidado num número limitado de grandes impérios federais, cada um deles com colônias não civilizadas e países dependentes, parece a muitos a evolução mais legítima das tendências contemporâneas e, além disso, tal desenvolvimento permitiria alimentar as maiores esperanças numa paz permanente sobre a base sólida do interimperialismo.[8]

Kautsky denomina ultraimperialismo ou superimperialismo aquilo que Hobson denominou, treze anos antes, interimperialismo. Se excetuarmos

[7] Karl Kautsky, "Zwei Schriften Zum Umlernen", cit., p. 144.
[8] John A. Hobson, *Imperialism*, cit., p. 351.

a formação de uma nova e sapientíssima palavra mediante a substituição de um prefixo latino por outro, o progresso do pensamento "científico" em Kautsky reduz-se à pretensão de fazer passar por marxismo aquilo que Hobson descreve, em essência, como manifestação hipócrita dos padres ingleses. Depois da guerra anglo-bôer era natural que essa respeitável casta dedicasse os seus maiores esforços a *consolar* os pequeno-burgueses e os operários ingleses, que sofreram um bom número de mortos nas batalhas sul-africanas e tiveram de pagar impostos elevados para garantir maiores lucros aos financistas ingleses. E que consolo poderia ser melhor do que um que diz que o imperialismo não é tão ruim assim, que está muito próximo do inter ou ultraimperialismo e é capaz de assegurar a paz permanente? Quaisquer que fossem as boas intenções dos padres ingleses ou do doce Kautsky, o sentido objetivo, ou seja, o verdadeiro sentido social da sua "teoria" é um e só um: o consolo arquirreacionário das massas com esperança na possibilidade de uma paz permanente sob o capitalismo, desviando a atenção das agudas contradições e dos agudos problemas da atualidade para a dirigir às falsas perspectivas de um pretenso novo "ultraimperialismo" futuro. Além do engano das massas, a teoria "marxista" de Kautsky nada mais contém.

Na realidade, basta comparar com clareza os fatos notórios, indiscutíveis, para se convencer até que ponto são falsas as perspectivas que Kautsky se esforça por inculcar nos operários alemães (e nos de todos os países). Tomemos o exemplo da Índia, da Indochina e da China. É sabido que essas três colônias e semicolônias, com uma população de 600 milhões a 700 milhões de habitantes, encontram-se submetidas à exploração do capital financeiro de algumas potências imperialistas: a Inglaterra, a França, o Japão, os Estados Unidos etc. Suponhamos que esses países imperialistas formem alianças, uma contra outra, com o objetivo de defender ou alargar as suas posses, os seus interesses e as suas "esferas de influência" nos referidos Estados asiáticos. Essas serão alianças "interimperialistas" ou "ultraimperialistas". Suponhamos que *todas* as potências imperialistas constituam uma aliança para a partilha "pacífica" desses países asiáticos: essa será uma aliança do "capital financeiro unido internacionalmente". Na história do século XX, encontramos exemplos factuais de alianças desse tipo, tais como as relações entre as potências no que se refere à China*. Pergunta-se: será "concebível", pressupondo a manutenção do capitalismo (e é precisamente essa condição que Kautsky apresenta), que tais alianças não sejam efêmeras? Que excluam os atritos, os conflitos e a luta em toda e qualquer forma possível?

Basta colocar a questão de maneira clara para que se torne impossível dar uma resposta que não seja negativa. Isso porque, no capitalismo, é inconcebível outro fundamento para a partilha das esferas de influência, dos interesses, das colônias etc., além da *força* de quem participa da divisão, a força econômica geral, financeira, militar etc. Mas a força dos que participam da divisão não se modifica de forma idêntica, visto que no capitalismo é impossível o desenvolvimento *igual* das diferentes empresas, dos diferentes trustes, dos setores da indústria e dos países. Há meio século, a Alemanha era uma absoluta insignificância, comparando-se a sua força capitalista com a força da Inglaterra de então; o mesmo se pode dizer do Japão, se o compararmos com a Rússia. Será "concebível" que ao longo de dez ou vinte anos permaneça invariável a correlação de forças entre as potências imperialistas? É absolutamente inconcebível.

Por isso, as alianças "interimperialistas" ou "ultraimperialistas" na realidade capitalista, e não na fantasia pequeno-burguesa vulgar dos padres ingleses ou do "marxista" alemão Kautsky – seja sob qual forma for: coalisão imperialista contra outra coalisão imperialista, ou aliança geral de *todas* as potências imperialistas –, só podem ser, inevitavelmente, "tréguas" entre guerras. As alianças pacíficas preparam as guerras e, por sua vez, surgem das guerras, conciliando-se mutuamente, gerando uma sucessão de formas de luta pacífica e não pacífica sobre *uma mesma* base de conexões imperialistas e relações recíprocas entre a economia e a política mundiais. E o sábio Kautsky, para tranquilizar e reconciliar os operários com os sociais-chauvinistas que passaram para a burguesia, *separa* os elos de uma única e mesma cadeia, separa a atual aliança pacífica (ultraimperialista, e mesmo

---

* Lênin refere-se ao chamado "Protocolo Final", assinado em 7 de setembro de 1901 pelas potências imperialistas (Inglaterra, Áustria-Hungria, Bélgica, Alemanha, Itália, Espanha, Holanda, Rússia, Estados Unidos, França e Japão) e a China na sequência do esmagamento da insurreição dos boxers de 1899--1901. O capital estrangeiro obteve novas possibilidades de explorar e pilhar a China. (N. E. R.)

ultra-ultraimperialista) entre todas as potências, formada para a "pacificação" da China (lembremos o esmagamento da insurreição dos boxers)*, do conflito não pacífico de amanhã, que preparará para depois de amanhã outra aliança "pacífica" geral para a partilha, suponhamos, da Turquia *etc. etc.* Em vez da conexão viva entre os períodos de paz imperialista e os de guerras imperialistas, Kautsky oferece aos operários uma abstração morta, a fim de os reconciliar com os seus chefes mortos.

O estadunidense Hill indica no prefácio à sua *História da diplomacia no desenvolvimento internacional da Europa* os seguintes períodos da história contemporânea da diplomacia: 1) era da revolução; 2) movimento constitucional; 3) era do "imperialismo comercial"[9] dos nossos dias. Outro escritor divide a história da "política mundial" da Grã-Bretanha a partir de 1870 em quatro períodos: 1) primeiro período asiático (luta contra o movimento da Rússia na Ásia Central em direção à Índia); 2) período africano (de 1885 a 1902, aproximadamente): luta contra a França pela partilha da África (incidente de Fachoda em 1898, a ponto de dar origem à guerra com a França); 3) segundo período asiático (tratado com o Japão contra a Rússia); 4) período "europeu", dirigido principalmente contra a Alemanha[10]. "As escaramuças políticas dos destacamentos de vanguarda travam-se no terreno financeiro", escrevia em 1905 Riesser, "personalidade" do mundo bancário, apontando como o capital financeiro francês preparou, com as suas operações na Itália, a aliança política desses países, como se desenvolvia a luta entre a Alemanha e a Inglaterra pela Pérsia, a luta entre todos os capitais europeus para ficarem

---

* Insurreição dos boxers (mais exatamente: insurreição de Yi-Ho-Tuan): insurreição popular anti-imperialista no Norte da China em 1899-1901. A insurreição foi iniciada pela sociedade secreta Yi-Ho-Tsiuan [Punho da Justiça e da Concórdia], que mais tarde passou a se chamar Yi-Ho-Tuan [Destacamento da Justiça e da Concórdia]. Em junho de 1900, os insurretos atingiram Pequim. A insurreição, chamada pelos estrangeiros de insurreição dos boxers, foi cruelmente esmagada pelo corpo punitivo unificado das potências imperialistas, encabeçado pelo general alemão Alfred von Waldersee. Do esmagamento da insurreição, participaram os imperialistas alemães, japoneses, ingleses, norte-americanos e russos. Foi imposto à China o leonino "Protocolo Final", de acordo com o qual a China se tornava uma semicolônia do imperialismo estrangeiro. (N. E. R.)

[9] David Jayne Hill, *A History of the Diplomacy in the International Development of Europe*, v. 1 (Nova York, Longmans, Green, and Co., 1905), p. x.

[10] Sigmund Schilder, *Entwicklungstendenzen der Weltwirtschaft*, cit., p.178.

com empréstimos chineses etc. Eis a viva realidade das alianças "ultraimperialistas" pacíficas, ligadas de maneira indissociável aos conflitos simplesmente imperialistas.

A atenuação que Kautsky faz das contradições mais profundas do imperialismo, que se transforma inevitavelmente num embelezamento do imperialismo, deixa marcas também na crítica do autor às propriedades políticas do imperialismo. O imperialismo é a época do capital financeiro e dos monopólios, os quais carregam para todo lado aspirações de dominação, não de liberdade. Reação em toda a linha sob qualquer regime político, a exacerbação extrema das contradições também nessa esfera é o resultado dessa tendência. Intensifica-se também particularmente a opressão nacional e a tendência a anexações, ou seja, à violação da independência nacional (pois a anexação não é senão a violação do direito das nações à autodeterminação). Hilferding nota acertadamente a relação entre o imperialismo e a intensificação da opressão nacional:

> No que se refere aos países recentemente descobertos, o capital importado intensifica as contradições e provoca contra os intrusos uma crescente resistência dos povos, cuja consciência nacional desperta; essa resistência pode se transformar facilmente em medidas perigosas contra o capital estrangeiro. Revolucionam-se completamente as velhas relações sociais, destrói-se o isolamento agrário milenar das "nações à margem da história", que se veem arrastadas para o torvelinho capitalista. O próprio capitalismo proporciona pouco a pouco, aos submetidos, meios e processos adequados de emancipação. E as referidas nações formulam o objetivo que noutros tempos foi o mais elevado entre as nações europeias: a criação de um Estado nacional único como instrumento de liberdade econômica e cultural. Esse movimento pela independência ameaça o capital europeu nas suas zonas de exploração mais preciosas, que prometem as perspectivas mais brilhantes, e o capital europeu só pode manter a dominação aumentando continuamente as suas forças militares.[11]

Deve-se acrescentar que, não só nos países recém-descobertos, mas também nos antigos, o imperialismo conduz às anexações, à intensificação da opressão nacional e, portanto, também a um aguçamento da resistência. Ao

---

[11] Rudolf Hilferding, *Das Finanzkapital*, cit., p. 487.

refutar que o imperialismo intensifica a reação política, Kautsky deixa na sombra a questão especialmente urgente da impossibilidade de unidade com os oportunistas na época do imperialismo. Ao refutar as anexações, dá a suas objeções a forma mais inofensiva e mais aceitável para os oportunistas. Ele se dirige diretamente à audiência e, entretanto, oculta precisamente o mais essencial e mais atual, por exemplo, que a Alsácia-Lorena é uma anexação da Alemanha. Para uma avaliação dessa "aberração cognitiva" de Kautsky, tomemos um exemplo. Suponhamos que um japonês condene a anexação das Filipinas pelos estadunidenses. Pergunta-se: serão muitos os que acreditam que isso é feito em oposição às anexações em geral, e não a um desejo do Japão de anexar ele próprio as Filipinas? E não conviria admitir que a "luta" do japonês contra as anexações só pode ser sincera, e politicamente honesta, caso se erga também contra a anexação da Coreia pelo Japão, caso reivindique a liberdade da Coreia de se separar do Japão?

Tanto a análise teórica quanto a crítica econômica e política do imperialismo feitas por Kautsky encontram-se *inteiramente* impregnadas de um espírito absolutamente incompatível com o marxismo, de um espírito que oculta e lima as contradições mais basilares, de um empenho em manter a todo custo a unidade em desintegração com o oportunismo no movimento operário europeu.

X
O LUGAR HISTÓRICO DO IMPERIALISMO

Vimos que o imperialismo é, por sua essência econômica, o capitalismo monopolista. Com isso já se define o lugar histórico do imperialismo, pois o monopólio, que nasce e cresce no solo da livre concorrência e justamente da livre concorrência, é a transição do capitalismo para um regime econômico e social mais elevado. É preciso assinalar em particular quatro tipos principais de monopólio, ou as principais manifestações do capitalismo monopolista, características da época examinada.

Primeiro, o crescimento do monopólio é um produto da concentração da produção em um patamar muito elevado do seu desenvolvimento. Trata-se das associações monopolistas dos capitalistas, os cartéis, os sindicatos e os trustes. Vimos o seu enorme papel na vida econômica contemporânea. No início do século XX, atingiram completo predomínio nos países avançados, e se os primeiros passos no sentido da cartelização foram dados antes pelos países que adotavam tarifas alfandegárias protecionistas elevadas (a Alemanha, os Estados Unidos), a Inglaterra, com o seu sistema de livre comércio, mostrou, embora um pouco mais tarde, este mesmo fato fundamental: o nascimento de monopólio como consequência da concentração da produção.

Segundo, os monopólios levaram à intensificação da luta pela conquista das fontes mais importantes de matérias-primas, em particular para a indústria básica e mais cartelizada da sociedade capitalista: a carvoeira e a siderúrgica. A posse monopolista das fontes mais importantes de matérias-primas fortaleceu terrivelmente o poder do grande capital e aguçou as contradições entre a indústria cartelizada e a não cartelizada.

Terceiro, o monopólio surgiu dos bancos. Estes se converteram, de modestas empresas intermediárias, em monopolistas do capital financeiro. Uns três ou cinco grandes bancos de qualquer uma das nações capitalistas mais avançadas realizaram a "união pessoal" do capital industrial e bancário e concentraram em suas mãos bilhões e bilhões, que constituem a maior parte dos capitais e dos rendimentos monetários de todo o país. A oligarquia financeira, que tece uma densa rede de relações de dependência entre todas as instituições econômicas e políticas da sociedade burguesa contemporânea sem exceção, é a manifestação em relevo desse monopólio.

Quarto, o monopólio nasceu da política colonial. Aos numerosos "velhos" motivos da política colonial, o capital financeiro acrescentou a luta pelas fontes de matérias-primas, pela exportação de capital, pelas "esferas de influência" – ou seja, as esferas de transações lucrativas, de concessões, de lucros monopolistas etc. – e, finalmente, pelo território econômico em geral. Quando as colônias das potências europeias na África, por exemplo, representavam a décima parte desse continente, como acontecia ainda em 1876, a política colonial podia desenvolver-se de forma não monopolista, pela "livre conquista", por assim dizer, de territórios. Mas quando nove décimos da África estavam já tomados (por volta de 1900), quando todo o mundo estava já repartido, começou inevitavelmente a era da posse monopolista das colônias e, por conseguinte, de luta particularmente aguda pela partilha e pela redistribuição do mundo.

É geralmente conhecido até que ponto o capitalismo monopolista agudizou todas as contradições do capitalismo. Basta indicar o alto custo de vida e a opressão dos cartéis. Essa agudização das contradições é a força motriz mais poderosa do período histórico de transição iniciado com a vitória definitiva do capital financeiro mundial.

Os monopólios, a oligarquia, a tendência à dominação, em vez da tendência à liberdade, a exploração de um número cada vez maior de nações pequenas ou fracas por um punhado de nações riquíssimas ou muito fortes: tudo isso originou os traços distintivos do imperialismo que nos obrigam a qualificá-lo de capitalismo parasitário, ou em estado de decomposição. Cada vez se manifesta com maior relevo, como uma das tendências do imperialismo, a formação de "Estados" rentistas, de Estados usurários, cuja burguesia vive cada vez mais à custa da exportação de capital e do "corte de cupons".

Seria um erro pensar que essa tendência à decomposição exclui o rápido crescimento do capitalismo – não, certos setores da indústria, certos setores da burguesia, certos países manifestam, na época do imperialismo, com maior ou menor intensidade, quer uma, quer outra dessas tendências. No seu conjunto, o capitalismo cresce com uma rapidez incomparavelmente maior do que antes, mas esse crescimento não só é cada vez mais desigual, como a desigualdade também se manifesta, de modo particular, na decomposição dos países mais ricos em capital (Inglaterra).

No que se refere à velocidade do desenvolvimento econômico da Alemanha, Riesser, autor de uma investigação sobre os grandes bancos alemães, diz:

> O progresso não demasiado lento da época precedente (1848 a 1870) está para o rápido desenvolvimento de toda a economia na Alemanha, e em particular dos bancos alemães na época atual (1870 a 1905), mais ou menos na mesma proporção que as diligências dos bons e velhos tempos estão para o automóvel moderno, que se desloca a tal velocidade que representa um perigo para o transeunte despreocupado e para as próprias pessoas que vão no automóvel.

Por sua vez, esse capital financeiro que cresceu a uma velocidade tão extraordinária, precisamente porque cresceu desse modo, não vê nenhum inconveniente em passar a uma posse mais "tranquila" das colônias, as quais devem ser conquistadas, e não só por meios pacíficos, pelas nações mais ricas. E, nos Estados Unidos, o desenvolvimento econômico tem sido, nessas últimas décadas, ainda mais rápido do que na Alemanha, e é precisamente graças a essa circunstância que os traços parasitários do capitalismo estadunidense contemporâneo se sobressaem com particular relevo. Em contrapartida, a comparação, por exemplo, entre a burguesia republicana estadunidense e a burguesia monárquica japonesa ou alemã, mostra que as maiores diferenças políticas se atenuam ao máximo na época do imperialismo; e não porque essa diferença não seja importante em geral, mas porque em todos esses casos se trata de uma burguesia com traços definidos de parasitismo.

A obtenção de elevados lucros monopolistas pelos capitalistas de um dentre diversos setores da indústria, de um dentre vários países etc., oferece-lhes a possibilidade econômica de subordinar determinados setores operários e, temporariamente, uma minoria bastante considerável deles, atraindo-os para o lado da burguesia de dado setor ou nação, contra todos os demais. O acentuado antagonismo das nações imperialistas pela partilha do mundo aprofunda essa tendência. Assim é criada a conexão entre o imperialismo e o oportunismo, a qual se manifestou, antes e de forma mais clara, na Inglaterra, em virtude do fato de vários dos traços imperialistas de desenvolvimento terem aparecido nesse país muito antes de terem aparecido em outros. Alguns autores, como L. Mártov, gostam de negar a conexão entre o imperialismo e o oportunismo no movimento operário – fato que agora salta aos olhos com particular evidência – por meio de argumentos impregnados de "otimismo oficial" (à Kautsky e Huysmans) do seguinte gênero: a causa dos adversários do capitalismo seria uma causa perdida se o capitalismo avançado conduzisse ao reforço do oportunismo ou se os operários mais bem remunerados mostrassem inclinação para o oportunismo etc. Não nos deixemos enganar quanto ao significado desse "otimismo": é um otimismo em relação ao oportunismo, é um otimismo que serve de capa ao oportunismo. Na realidade, a particular rapidez e o caráter singularmente repulsivo do desenvolvimento do oportunismo não lhe garantem de modo nenhum uma vitória sólida, do mesmo modo que a velocidade de desenvolvimento de um abscesso maligno num corpo saudável só pode contribuir para que o referido abscesso rebente mais cedo e assim o organismo se livre dele. O maior perigo, nesse sentido, são as pessoas que não querem compreender que a luta contra o imperialismo é uma frase vazia e falsa se não estiver ligada de maneira indissociável à luta contra o oportunismo.

De tudo o que foi dito anteriormente sobre a essência econômica do imperialismo, deduz-se que se deve qualificá-lo de capitalismo de transição ou, mais propriamente, de capitalismo agonizante. Nesse sentido, é extremamente instrutiva a circunstância de que os termos mais usualmente empregados pelos economistas burgueses para descrever o capitalismo moderno sejam "entrelaçamento", "ausência de isolamento" etc., os bancos são "empresas que, por seus fins e por seu desenvolvimento, não têm um caráter de economia privada pura, mas cada vez mais estão saindo da esfera da regulação da economia puramente privada". E esse mesmo Riesser, a quem pertencem essas palavras, declara, com a maior seriedade do mundo, que as "profecias" dos marxistas a respeito da "socialização" "não se cumpriram"!

O que significa então a palavra "entrelaçamento"? Exprime unicamente o traço que mais salta aos olhos do processo que está se desenvolvendo diante de nós. Mostra que o observador conta as árvores e não vê o bosque. Ele copia servilmente o exterior, o acidental, o caótico. Isso indica que o observador é uma pessoa esmagada pelas matérias-primas e que não compreende nada do seu sentido e significado. "Entrelaçam-se acidentalmente" a posse de ações, as relações entre os proprietários particulares. Mas o que constitui o fundo desse entrelaçamento, o que se encontra por trás dele, são as relações sociais de produção que mudam continuamente. Quando uma grande empresa se transforma em empresa gigante e organiza sistematicamente, apoiando-se num cálculo exato de uma grande massa de dados, o abastecimento de dois terços ou três quartos das matérias-primas necessárias a uma população de várias dezenas de milhões; quando o transporte dessas matérias-primas é organizado sistematicamente para os pontos de produção mais cômodos, que se encontram por vezes separados por centenas e milhares de quilômetros; quando, a partir de um centro, dirige-se a transformação sucessiva do material, em todas as suas diversas etapas, até obter as numerosas espécies de produtos manufaturados; quando a distribuição desses produtos se efetua segundo um plano único a dezenas e centenas de milhões de consumidores (venda de petróleo na América e na Alemanha pelo truste do petróleo estadunidense), então se torna evidente que nos encontramos diante de uma socialização da produção, e não diante de um simples "entrelaçamento"; que as relações de economia privada e de propriedade privada constituem um invólucro que já não corresponde ao conteúdo, que esse invólucro deve inevitavelmente se decompor se a sua supressão for adiada artificialmente, que pode permanecer em estado de decomposição durante um período relativamente longo (no pior dos casos, se a cura do abscesso oportunista se prolongar demasiado), mas que, no entanto, será inevitavelmente eliminado.

Schulze-Gaevernitz, admirador entusiasta do imperialismo alemão, exclama:

> Se, no fim de contas, a direção dos bancos alemães se encontra nas mãos de uma dúzia de pessoas, a sua atividade já é, atualmente, mais importante para o bem público do que a atividade da maioria dos ministros [nesse caso, é mais

vantajoso esquecer o "entrelaçamento" existente entre banqueiros, ministros, industriais, rentistas etc.]. [...] Se refletirmos até o fim sobre o desenvolvimento das tendências que apontamos, chegaremos à seguinte conclusão: o capital monetário da nação está unido nos bancos; os bancos estão unidos entre si no cartel; o capital da nação, que procura uma maneira de ser aplicado, tomou a forma de títulos de valor. Então cumprem-se as palavras geniais de Saint-Simon: "A anarquia atual da produção, consequência do fato de as relações econômicas se desenvolverem sem uma regulação uniforme, deve dar lugar à organização da produção. A produção não será dirigida por empresários isolados, independentes uns dos outros, que ignoram as necessidades econômicas dos homens; a produção se encontrará nas mãos de uma instituição social determinada. O comitê central de administração, que terá a possibilidade de observar a vasta esfera da economia social de um ponto de vista mais elevado, irá regulá-la da maneira mais útil para toda a sociedade, entregará os meios de produção nas mãos apropriadas para isso, e irá se preocupar, sobretudo, com a existência de uma harmonia constante entre a produção e o consumo. Existem instituições que incluíram entre os seus fins uma determinada organização da atividade econômica: os bancos". Estamos ainda longe do cumprimento dessas palavras de Saint-Simon, mas já nos encontramos em via de o conseguir: será um marxismo diferente do que Marx imaginava, mas diferente apenas na forma.[1]

Nada a declarar: uma boa "refutação" de Marx, dando um passo atrás em relação à análise científica exata de Marx rumo a uma suposição – genial, mas ainda assim uma suposição – de Saint-Simon.

[1] Gerhard von Schulze-Gaevernitz, "Die deutsche Kreditbank", cit., p. 146.

REFERÊNCIAS BIBLIOGRÁFICAS

AGAHD, Ernst. *Grossbanken und Weltmarkt*. Die wirtschaftliche und politische Bedeutung der Grossbanken im Weltmarkt unter Berücksichtigung ihres Einflusses auf Russlands Volkswirtschaft und die deutsch-russischen Beziehungen. Berlim, Haude & Spener, 1914.

ANNALEN DES DEUTSCHEN REICHS 1911, Zahn.

ARCHIV FÜR EISENBAHNWESEN, 1892.

ARNDT, Paul. Die Kapitalkraft Frankreichs. *Weltwirtschaftliches Archiv*, v. 7, 1916.

BARING, Evelyn (conde de Cromer). *Ancient and Modern Imperialism*. Londres, John Murray, 1910.

BEER, Max. Der moderne englische Imperialismus. *Die Neue Zeit*, v. 16, n. 1, 1898.

BRIEFWECHSEL VON MARX UND ENGELS. v. 2 e 4.

BULLETIN DE L'INSTITUT INTERNACIONAL DE STATISTIQUE. v. 19, Livro 2.

CALWER, Richard. *Einführung in die Weltwirtschaft*. Berlim, S. Simon, 1906.

CRAMMONDD, Edgar. The Economic Relations of the British and German Empires. *Journal of the Royal Statistical Society*, jul. 1914.

DER ZUG ZUR BANK. *Die Bank*, n. 1, 1909.

DIE BANK, n. 2, 1909.

_____, n. 2, 1910.

_____, n. 1, 1911.

_____, n. 1, 1912.

_____, n. 2, 1912.

_____, n. 1, 1913.

_____, n. 2, 1913.

_____, n. 7, 1913.

_____, n. 8, 1913.

_____, n. 1, 1914.

_____, n. 2, 1914.

DIOURITCH, Georges. *L'Expansion des banques allemandes à l'étranger*: ses rapports avec le développement économique de l'Allemagne. Tese, Paris, Rousseau, 1909.

DRIAULT, Edouard. *Les Problèmes politiques et sociaux à la fin du XIXe siècle*. Paris, Félix Alcan, 1900.

ESCHWEGE, Ludwig. Der Sumpf. *Die Bank*, n. 1, 1912.

_____. Tochtergesellschaften. *Die Bank*, n. 1, 1914.

_____. Zement. *Die Bank*, n. 1, 1909.

GEORGE, Lloyd. Discurso. *Daily Telegraph*, 5 maio 1915.

HARMS, Bernhard. *Probleme der Weltwirtschaft*. Jena, Fischer, 1912.

HEINIG, Kurt. Der Weg des Elektrotrusts. *Neue Zeit*, n. 30, ano 2, 1912.

HENGER, Hans. *Die Kapitalsanlage der Franzosen*. Stuttgart, Cotta, 1913.

HEYMANN, Hans Gideon. *Die gemischten Werke im deutschen Grosseisengewerbe*. Stuttgart, J. G. Cotta, 1904.

HILDEBRAND, Gerhard. *Die Erschütterung der Industrieherrschaft und des Industriesozialismus*. Jena, Fischer, 1910.

HILFERDING, Rudolf. *Das Finanzkapital*. Ed. russa, Moscou, 1912. [Ed. bras.: *Capital financeiro*. Trad. Reinaldo Mestrinel. São Paulo, Nova Cultural, 1985, coleção Os Economistas.]

HILL, David Jayne. *A History of the Diplomacy in the International Development of Europe*. Nova York, Longmans, Green, and Co., 1905, v. 1.

HOBSON, John A. *Imperialism*: A Study. Londres, James Nisbet & Co., 1902.

HOURWICH, Isaac A. *Immigration and Labour*. Nova York, Huebsch, 1913.

JEIDELS, Otto. *Das Verhältnis der deutschen Grossbanken zur Industrie*: mit besonderer Berücksichtigung der Eisenindustrie. Leipzig, Duncker & Humblot, 1905.

KAUFMANN, Eugen. *Das französische Bankwesen*. Tübingen, Mohr, 1911.

_____. *Die Bank*, n. 2, 1909.

KAUTSKY, Karl. Der Imperialismus. *Die Neue Zeit*, v. 32, n. 2, 11 set. 1914.

_____. *Nationalstaat, imperialistischer Staat und Staatenbund*. Nuremberg, Fränkische Verlagsanstalt, 1915.

_____. *Sozialismus und Kolonialpolitik*. Berlim, Vorwärts, 1907.

_____. *Zwei Schriften Zum Umlernen*. *Die Neue Zeit*, v. 33, n. 2, 23 abr. 1915 e 30 abr. 1915.

KESTNER, Fritz. *Der Organisationszwang*: Eine Untersuchung über die Kämpfe Zwischen Kartellen und Aussenseitern. Berlim, Heymann, 1912.

KIES, William S. Branch Banks and our Foreign Trade. *The Annals of the American Academy of Political and Social Science*, v. 59, 1915.

LANSBURGH, Alfred. Das Beteiligungssystem im deutschen Bankwesen. *Die Bank*, n. 1, 1901.

_____. Die Bank mit den 300 Millionen. *Die Bank*, n. 1, 1914.

_____. Fünf jahre d. Bankwesen. *Die Bank*, n. 8, 1913.

LESCURE, Jean. *L'Épargne en France*. Paris, Tenin, 1914.

LEVY, Hermann. *Monopole, Kartelle und Trusts*. Jena, Fischer, 1909.

LIEFMANN, Robert. *Beteiligungs- und Finanzierungsgesellschaften*. Eine Studie uber den modernen Kapitalismus und das Effektenwesen. 1. ed., Jena, Fischer, 1909.

_____. *Kartelle und Trusts und die Weiterbildung der volkswirtschaftlichen Organisation*. 2. ed., Stuttgart, Moritz, 1910.

LUCAS, Charles P. *Greater Rome and Greater Britain*. Oxford, Clarendon, 1912.

LYSIS. *Contre l'oligarchie financière en France*. 5. ed., Paris, Albin Michel, 1908.

MORRIS, Henry C. *The History of Colonization*. Nova York, Macmillan, 1900, v. 1 e 2.

NEYMARCK, Alfred. La Statistique internationale des valeurs mobilières. *Bulletin de l'Institut International de Statistique*, La Haye, Stockum & Fils, 1912, v. 19, Livro 2.

PAISH, George. Great Britain's Capital Investments in Individual Colonial and Foreign Countries. *Journal of the Royal Statistical Society*, v. 74, 1910-1911.

PATOUILLET, Joseph. *L'Impérialisme américain*. Paris, A. Rousseau, 1904.

RIESSER, Jacob. *Die deutschen Grossbanken und ihre Konzentration im Zusammenhang mit der Entwicklung der Gesamtwirtschaft in Deutschand*. 3. ed., Jena, Fischer, 1910.

_____. *Die deutschen Grossbanken und ihre Konzentration im Zusammenhang mit der Entwicklung der Gesamtwirtschaft in Deutschand*. 4. ed., Jena, Fischer, 1912.

RUSSIER, Henri. *Le Partage de l'Océanie*. Paris, Vuibert et Nony, 1905.

SCHILDER, Sigmund. *Entwicklungstendenzen der Weltwirtschaft*. Berlim, Fischer, 1912, v. 1.

SCHULZE-GAEVERNITZ, Gerhard von. *Britischer Imperialismus und englischer Freihandel zu Beginn des 20-tem Jahrbunderts*. Leipzig, Duncker & Humblot, 1906.

_____. Die deutsche Kreditbank. *Grundriss der Sozialökonomik*, 1915.

SMITH, Herbert Knox; Bureau of Corporations. *Report of the Commissioner of Corporations on the Tobacco Industry*. Washington, Government Printing Office, 1909.

SOMBART, Werner. *Die deutsch Volksteirtschaft im 19. Jahrhundert*. 2. ed., Berlim, Bondi, 1909.

STATISTICAL ABSTRACT OF THE UNITED STATES, 1912.

STATISTIK DES DEUTSCHEN REICHS, v. 211.

STATISTISCHES JAHRBUCH FÜR DAS DEUTSCHE REICH, 1915.

STILLICH, Oskar. *Geld- und Bankwesen*. Berlim, Curtius, 1907.

SUPAN, Alexander. *Die territoriale Entwicklung der europäischen Kolonien*. Gotha, Justus Pethers, 1906.

TAFEL, Paul. *Die nordamerikanischen Trusts und ihre Wirkungen auf den Fortschritt der Technik*. Stuttgart, Wittwer, 1913.

TSCHIERSCHKY, Siegfried. *Kartell und Trust*. Göttingen, Vandenhoeck & Ruprecht, 1903.

VERKEHRSTRUST. *Die Bank*, n. 1, 1914.

VOGELSTEIN, Theodor. Die finanzielle Organisation der Kapitalistischen Industrie und die Monopolbildungen. *Grundriss der Sozialökonomik*, v. 6, 1914.

_____. *Organisationsformen der Eisenindustrie und der Textilindustrie in England und Amerika*. Leipzig, Duncker & Humblot, 1910, v. 1.

WAHL, Maurice. *La France aux colonies*. Paris, Librairies-Imprimeries Réunies, 1896.

WALTERSHAUSEN, Sartorius von. *Das volkswirtschaftliche System der Kapitalanlage im Ausland*. Berlim, Gruyter, 1907.

WELTWIRTSCHAFTLICHES ARCHIV, v. 2.

ANEXO DA EDIÇÃO BRASILEIRA
ZURIQUE, 1916*

Nadiejda Krúpskaia

A partir de janeiro de 1916, Vladímir Ilitch lançou-se à escrita de seu panfleto sobre o imperialismo para a editora Parus. Ilitch atribuía enorme importância a essa questão, considerando impossível oferecer uma avaliação profunda e verdadeira da guerra sem esclarecer até o fim a essência do imperialismo, tanto do ponto de vista econômico quanto político. Por isso, lançou-se de bom grado à tarefa. Em meados de fevereiro, Ilitch precisou trabalhar em bibliotecas de Zurique e mudamo-nos para lá por algumas semanas, mas, em seguida, fomos adiando nosso retorno a Berna até que acabamos nos instalando em Zurique, que era mais animada do que Berna. Em Zurique, havia uma juventude revolucionária estrangeira muito disposta, havia um público operário, o partido social-democrata estava mais à esquerda e, de algum modo, sentia-se menos o espírito de pequena-burguesia.

Fomos atrás de um quarto para alugar. Conversamos com uma tal de *frau* Prelog, que mais parecia uma habitante de Viena do que uma suíça, o que se explicava pelo fato de ela ter trabalhado muito tempo como cozinheira em um hotel de Viena. Nós nos instalamos ali com ela, porém, no dia seguinte, descobriu-se que o antigo hóspede estava de retorno. Alguém havia lhe acertado a cabeça e ele estivera internado no hospital, mas já havia se recuperado. *Frau* Prelog nos pediu para procurar outro quarto, mas ofereceu-nos as refeições a um preço bastante em conta. Fizemos nossas refeições ali talvez por dois meses; servia-se uma refeição simples, mas farta. Ilitch gostava do fato de que tudo era simples, o café era servido em uma caneca com a alça quebrada, fazíamos as refeições na cozinha, a conversa era singela – não

---

* Excerto da biografia de Lênin escrita por Nadiejda Krúpskaia, Воспоминания о Ленине / *Vospominánia o Lenine* (Moscou, Partizdat, 1933). Tradução e notas por Paula Vaz de Almeida, a partir de *Memórias de Lênin* (trad. Otávio Losada, Marcelo Bamonte e Gabriel Felipe Silva, São Paulo, Ruptura, no prelo). (N. E.)

sobre a comida nem sobre quantas batatas se deve colocar em tal ou qual sopa, mas sobre temas que eram do interesse dos hóspedes de *frau* Prelog. É verdade que estes não eram muitos e estavam sempre mudando. Logo percebemos que havíamos caído em um ambiente muito peculiar, o "submundo" de Zurique. Por um tempo, almoçou na casa de Prelog uma prostituta, que falava sem reservas de sua profissão, porém o que mais a preocupava não era a profissão, mas a saúde de sua mãe e o tipo de trabalho que sua irmã arranjaria. Uma cuidadora veio por alguns dias, e começaram a aparecer, ainda, outros comensais. Havia um inquilino de *frau* Prelog que se mantinha em silêncio, mas, pelas frases isoladas, inferia-se que era um tipo quase criminoso. Ninguém se constrangia pela nossa presença, e deve-se dizer que as conversas desse público eram muito mais "humanas", vivas, do que aquelas dos salões de um hotel respeitável qualquer, onde se reúne gente abastada.

Apressei Ilitch a nos transferirmos para um local caseiro, pois era tal a clientela que não seria difícil nos metermos em alguma história violenta. De todo modo, alguns traços do "submundo" de Zurique não deixavam de ser interessantes.

Mais tarde, quando li *A filha da revolução*, de John Reed*, gostei particularmente do fato de que Reed pinta as prostitutas não do ponto de vista de sua profissão ou das questões do amor, mas do ponto de vista de seus outros interesses. Em geral, quando se pinta o "submundo", dá-se pouca atenção ao cotidiano.

Quando, mais tarde, já na Rússia, Ilitch e eu fomos ver *No submundo*, de Górki[1], no Teatro de Arte[2] – e Vladímir Ilitch queria muito ver essa peça –, ele detestou a "teatralidade" da produção, a ausência daquelas pequenezas cotidianas que, como se diz, "são a música" e compõem o ambiente em toda a sua concretude.

Em seguida, todas as vezes que encontrava *frau* Prelog na rua, Ilitch sempre a cumprimentava de maneira amigável. E nós a encontrávamos com

---

* Ed. bras.: trad. Laura Pinto Rebessi, São Paulo, Conrad, 2000. (N. E.)

[1] Trata-se da peça de teatro *На дне* (*Na dne*), de Maksim Górki (1868-1936), escrita entre 1901 e 1902. Teve poucas encenações no Império Russo, uma vez que foi proibida.

[2] Referência ao Teatro de Arte de Moscou, fundado em 1898 por Konstantin Stanislávski e Vladímir Nemiróvitch-Dántchenko.

frequência, pois havíamos nos mudado para uma travessa estreita, com a família de um sapateiro chamado Kammerer. O quarto não era lá muito adequado. Uma casa velha e sombria, cuja construção deveria datar quase do século XVI, um pátio fedorento. Seria possível obter um quarto melhor por aquele valor, mas apreciávamos os donos. A família era operária, tinha inclinações revolucionárias, condenava a guerra imperialista. O lugar era de fato "internacional": em dois quartos, moravam os donos; em um, a esposa de um padeiro-soldado alemão e seus filhos; em outro, um italiano; no terceiro, atores austríacos que tinham um gato marrom estupendo; e, no quarto, nós – os russos. Nada cheirava a chauvinismo e, uma vez, quando uma verdadeira internacional de mulheres estava reunida ao redor do fogão, *frau* Kammerer exclamou indignada: "Os soldados deveriam virar as armas contra seus governantes!". Depois disso, Ilitch não queria nem ouvir falar de mudar de habitação.

Com *frau* Kammerer, aprendi muitas coisas: como, de maneira barata e com o mínimo gasto de tempo, cozinhar com fartura o almoço e o jantar. Aprendi ainda uma outra coisa. Certa vez, anunciou-se nos jornais que a Suíça estava enfrentando dificuldades para importar carne e, por isso, o governo apelava aos seus cidadãos que se abstivessem de carne duas vezes por semana. Os açougues continuavam a vender carne nos dias "magros". Comprei carne para o almoço, como sempre, e, ao pé do fogão, comecei a perguntar à *frau* Kammerer como se verificava se os cidadãos estavam atendendo ao apelo: haveria inspetores passando de casa em casa? "Mas para que verificar?", surpreendeu-se *frau* Kammerer. "Uma vez publicado que há dificuldades, que trabalhador vai comer carne nos dias 'magros' – um burguês, talvez?" E, ao notar meu embaraço, acrescentou suavemente: "Isso não se aplica a estrangeiros". Essa abordagem proletária consciente cativou Ilitch de maneira extraordinária.

Revendo minhas cartas desse período a Chliápnikov[3], encontrei uma de 8 de abril de 1915. Ela caracteriza o clima da época: "Querido amigo", escrevi,

---

[3] Aleksandr Chliápnikov (1885-1937): revolucionário russo, metalúrgico de profissão, bolchevique a partir de 1903, primeiro comissário do povo para o trabalho da Rússia soviética (1917-1918), líder da Oposição Operária (fins de 1919 e início de 1920), fuzilado em 1937 no âmbito dos Processos de Moscou encabeçados por Josef Stálin (1879-1953). Na época a que se refere Krúpskaia, Chliápnikov atuava como chefe do esquema de comunicação entre o Comitê Central do partido no exterior e os bolcheviques na Rússia.

Recebi sua carta de 3 de abril e me trouxe algum alívio, pois estava difícil ler suas cartas mal-humoradas, com a promessa de partir para os Estados Unidos, preparado para formular todo tipo de acusação. A correspondência é uma coisa odiosa; os mal-entendidos se acumulam... Na carta perdida, escrevi em detalhes porque foi impossível arrastar Grigóri[4] para a Rússia ou para a sua região. Ele levou muito a sério sua reprovação ao fato de ele não se mudar para Estocolmo. Não prejudicará a direção editorial do Órgão Central e da base estrangeira em geral. Particularmente agora o Órgão Central conquistou com o seu próprio esforço mais de uma posição durante a guerra. Não foi pequeno o papel que sua direção editorial desempenhou na Internacional. Isso deve ser dito às claras, deixando de lado a modéstia superficial. A *Kommunist*[5] também não teria saído sem o apoio da direção editorial do Órgão Central. Não foram poucas as discussões, o cuidado e a ansiedade. Isso se aplica ainda mais ao *Vorbote* [órgão da esquerda de Zimmerwald]. Se a direção editorial entrar em colapso, não sobrará ninguém para conduzir o trabalho. Montar uma nova direção editorial não é tão fácil. Todo esforço foi feito aqui para atrair Nikolai Ivánovitch[6]; falou-se na sua transferência para Cracóvia, depois para Berna. Nada pôde ser feito. Mesmo duas pessoas não são suficientes, e você tenta subtrair uma. Arruíne a base estrangeira, não haverá nada que transportar. Às vezes, Grigóri se sente extremamente aborrecido por morar no exterior e começa a ficar irritado. E você, com suas reprovações, põe mais lenha na fogueira. Se olharmos para a coisa do ponto de vista da utilidade da tarefa como um todo, não se deve tocar em Grigóri. Aventou-se a questão de mudar toda a direção editorial, mas há a questão do dinheiro, da influência internacional, das considerações em relação à polícia. Quanto ao dinheiro, colocou-se a questão diretamente aos japoneses, e eles disseram: não temos. É muito mais caro morar em Estocolmo, e aqui Grigóri trabalha em um laboratório, as bibliotecas estão à sua disposição e, portanto, tem a oportunidade de ganhar alguma coisa escrevendo, pelo menos. Mesmo aqui, a questão dos ganhos se tornará crítica para todos nós num futuro próximo. [...]

---

[4] Grigóri Piatakov (1890-1937): anarquista num primeiro momento, adere ao partido em 1910. Foi preso diversas vezes e condenado a exílio interno em Irkútski; conseguiu fugir do Império Russo via Japão, em 1914, passou pelos Estados Unidos e foi parar na Suíça, de onde se mudou para a Noruega em 1916. Participou da Oposição de Esquerda e, sob acusação de "trotskismo", foi condenado e assassinado por fuzilamento em 1937.

[5] Em português, "Comunista", revista editada pela direção da social-democracia em Genebra, organizada por Lênin, Nikolai Bukhárin e Piatokov. A revista contou apenas com um número (duplo), sendo desfeita depois de sérias divergências entre os membros da direção editorial.

[6] Referência a Nikolai Ivánovitch Bukhárin.

Quanto ao entusiasmo de Ilitch pelos assuntos dos emigrados, a repreensão é infundada. Ele não se ocupa dos assuntos dos emigrados de forma alguma. Os problemas internacionais exigem mais tempo e atenção do que nunca, mas isso é inevitável. Agora está entusiasmado, é verdade, pelo problema da "autodeterminação das nações". E, na minha opinião, a melhor forma de "usá-lo" agora é insistir para que escreva um panfleto de divulgação sobre o assunto. Essa questão é a menos acadêmica no momento. Há muita confusão nas fileiras social-democratas internacionais sobre esse problema, mas não há razão para dilatá-lo. Ao longo deste inverno, tivemos discussões sobre o assunto com Radek. Pessoalmente, tirei muito proveito dessas discussões.

E, em seguida, exponho em algumas páginas o conteúdo dessas discussões, exponho o ponto de vista de Ilitch.

Em Zurique, vivíamos, como Ilitch expressou em uma de suas cartas, de maneira "caseira", "quietinhos", um tanto afastados da colônia local, trabalhando regularmente, e muito, nas bibliotecas. Depois do almoço, diariamente, ao retornar do refeitório dos imigrantes, vinha ter conosco por meia hora o jovem camarada Gricha Ussiévitch, morto na guerra civil em 1919. Durante algum tempo, começou a nos frequentar pelas manhãs o sobrinho de Zemliatchka[7], que acabou enlouquecendo em virtude da fome. Ele andava a tal ponto esfarrapado e salpicado de lama, que passou a ser impedido de entrar nas bibliotecas suíças. Ele tentava apanhar Ilitch antes que ele saísse para a biblioteca, argumentando que tinha de discutir algumas questões de princípio, o que deixava Ilitch bastante abalado dos nervos.

Começamos a sair de casa mais cedo, para ir caminhando até a biblioteca às margens do lago e, ainda, conversar um pouco. Ilitch contava sobre o trabalho que estava escrevendo e suas várias ideias.

Do grupo de Zurique, víamos com mais frequência Ussiévitch e Kharitónov[8]. Lembro-me ainda do "tio Vânia"[9], Avdéiev, um metalúrgico,

---

[7] Rosália Zemliatchka (1876-1947): revolucionária e política russa, participou da revolução de 1905--1907, em especial do levante de Moscou em dezembro de 1905. Ficou conhecida como uma das organizadoras do chamado "terror vermelho" na Crimeia, em 1920-1921.

[8] Moissei Kharitónov (1887-1948): revolucionário e político russo, bolchevique; emigrou para a Suíça em 1913, onde conheceu Lênin e atuou como secretário da organização dos bolcheviques em Zurique.

[9] Referência à personagem principal da peça de mesmo nome de Anton Tchékhov (1860-1904).

Turkin, um operário dos Urais, e Boitsov, que mais tarde trabalhou no *Glavpolitprosviet*[10]. Lembro-me também de um operário búlgaro (me esqueci do sobrenome). A maioria dos camaradas do nosso grupo de Zurique trabalhava em fábricas; todos eram muito ocupados e as reuniões do grupo eram relativamente raras. Em compensação, os membros do nosso grupo tinham boas relações com os operários de Zurique; eles estavam mais próximos da vida dos operários locais do que nosso grupo em outras cidades suíças (com exceção de Chaux-de-Fonds, onde o grupo estava ainda mais próximo da massa operária).

À frente do movimento suíço em Zurique estava Fritz Platten[11]; era secretário do partido. Havia aderido ao grupo da esquerda de Zimmerwald, era filho de um operário, era um camarada simples e apaixonado e gozava de grande influência nas massas. Nobs[12], editor do jornal partidário suíço *Volksrecht*[13], também havia aderido à esquerda de Zimmerwald. A juventude de operários imigrantes – e havia muitos em Zurique –, liderada por Willi Münzenberg[14], era muito ativa e apoiava as esquerdas. Tudo isso conferiu uma certa proximidade com o movimento operário suíço. Alguns camaradas, que nunca estiveram na emigração, acreditavam que agora Lênin acalentava particulares esperanças no movimento suíço e consideravam que a Suíça talvez pudesse se tornar o centro da revolução social vindoura.

É claro que não era assim. Não havia uma classe trabalhadora forte na Suíça, trata-se de um país balneário por excelência, um pequeno país que se alimenta das migalhas dos países capitalistas poderosos. Os trabalhadores da Suíça eram, em geral e de conjunto, pouco revolucionários. A democracia e a solução bem-sucedida da questão nacional não eram ainda as condições suficientes para fazer da Suíça o foco da revolução social.

---

[10] Acrônimo em russo do Comitê Central de Educação Política, órgão do poder de Estado, parte do Comissariado do Povo da União Soviética.

[11] Comunista suíço, nascido em 1883 e morto em 1942, foi um dos principais organizadores do retorno de Lênin à Rússia, na esteira da Revolução de Fevereiro.

[12] Ernst Nobs (1886-1957): dirigente do Partido Social-Democrata Suíço.

[13] Em português, "Direito do Povo", jornal do Partido Social-Democrata Suíço.

[14] Wilheim Münzenberg (1889-1940): comunista e político alemão, atuou no movimento operário suíço e alemão; foi também o principal dirigente da Internacional Comunista da Juventude em 1919 e 1920.

É claro que disso não se concluía que não era necessário introduzir propaganda internacional na Suíça, ajudar a revolucionar o movimento operário suíço e o partido, pois se a Suíça fosse arrastada para a guerra, a situação poderia mudar rapidamente.

Ilitch leu relatórios para os operários suíços, manteve contato próximo com Platten, Nobs, Münzenberg. Nosso grupo de Zurique e alguns camaradas poloneses (o camarada Broński[15] morava então em Zurique) trataram de organizar reuniões conjuntas com as organizações suíças em Zurique. Começaram a se reunir no pequeno café Zum Adler, não muito longe de nossa casa. Ao primeiro encontro, compareceram cerca de quarenta pessoas. Ilitch falou sobre o momento presente, colocou as questões em toda a sua agudeza. Embora todos ali reunidos fossem internacionalistas, os suíços ficaram embaraçados com a apresentação incisiva da questão. Lembro-me do discurso de um representante da juventude suíça que, sobre o tema, disse que não se quebra uma parede a cabeçadas. O fato é que nossas reuniões começaram a se dissolver e, na quarta reunião, apareceram só os russos e os poloneses, que fizeram algumas piadas e se dispersaram de volta para casa.

Durante os primeiros meses de nossa estada em Zurique, Vladímir Ilitch trabalhou principalmente em seu panfleto sobre o imperialismo. Ele ficou muito animado com a tarefa, fez muitas anotações. Interessava-lhe sobretudo as colônias; ele reunira um rico material e lembro-me ainda de que me capturou para algumas traduções do inglês acerca das colônias africanas. Ele contava coisas muito interessantes. Mais tarde, quando reli seu *Imperialismo*, este me pareceu bem mais seco do que eram suas histórias. Ele estudou a vida econômica da Europa, da América etc., como se diz, de A a Z. Não lhe interessava, é claro, apenas o sistema econômico, mas também as formas políticas que correspondiam a esse sistema, sua influência sobre as massas. Em junho, o panfleto foi concluído. De 24 a 30 de abril de 1916, ocorreu a II Conferência de Zimmerwald (a chamada de Kienthal). Oito meses haviam se passado desde a primeira conferência, oito meses de expansão cada vez mais ampla da guerra imperialista, mas a feição da Conferência de Kienthal

---

[15] Mieczysław Broński (1882-1938): revolucionário e político russo-polonês, economista, diplomata e acadêmico. Preso por participação em atividades terroristas contrarrevolucionárias, foi fuzilado em 1938.

não foi muito diferente daquela da I Conferência de Zimmerwald. O público estava um pouco mais radical. A esquerda de Zimmerwald tinha não oito, mas doze delegados, e as resoluções da conferência significaram um certo passo adiante. A conferência condenou veementemente o Bureau da Internacional Socialista; aprovou uma resolução sobre a paz que dizia: "É impossível estabelecer uma paz firme sobre os alicerces da sociedade capitalista; as condições necessárias para sua realização serão criadas pelo socialismo. Ao abolir a propriedade privada capitalista e, consequentemente, ao eliminar a exploração das massas do povo pela classe proprietária e a opressão nacional, o socialismo também aniquilará as causas da guerra. *Por isso a luta por uma paz duradoura só pode assumir a forma de uma luta pela realização do socialismo*"[16]. Três oficiais alemães e 32 soldados foram executados em maio pela distribuição desse manifesto nas trincheiras. O governo alemão temia, acima de tudo, a revolucionarização das massas.

Em suas propostas para a conferência de Kienthal, o Comitê Central do Partido Operário Social-Democrata Russo chamou a atenção precisamente para a necessidade de revolucionarização das massas. Ali se dizia:

> Não basta que o manifesto de Zimmerwald faça alusão à revolução, dizendo que os trabalhadores devem fazer sacrifícios por sua própria causa, e não pela causa dos outros. É fundamental indicar de maneira clara e definitiva às massas o caminho a seguir. É preciso que as massas saibam para onde estão indo e por quê. Que as ações revolucionárias das massas durante a guerra, em condições de um desenvolvimento bem-sucedido, só podem levar à transformação da guerra imperialista em guerra civil pelo socialismo é evidente, e esconder isso das massas é prejudicial. Pelo contrário, esse objetivo deve ser indicado claramente, por mais difícil que pareça alcançá-lo quando estamos apenas no início da jornada. Não basta dizer, como é dito no Manifesto de Zimmerwald, que "os capitalistas mentem quando falam de defesa da pátria" na guerra atual, e que em sua luta revolucionária os operários não devem considerar a posição bélica de seus países; é preciso dizer claramente o que aqui apenas se sugere, a saber, que não só os

---

[16] Vladímir Ilitch Lênin, "Добавления к заявлению Циммервальдской левой"/"Dobavliénia k zaiabliéniu Tsimmerválskoi liévoi" [Apêndice à declaração da esquerda de Zimmerwald], em *Полное Собрание Сочинений/Pólnoe sobránie sotchiniéni* [Obras completas], v. 27 (5. ed., Moscou, Izdátelstvo Polititcheskoi Literatúry, 1969), p. 434.

capitalistas, mas também o chauvinismo social e os kautskistas mentem quando aceitam que o conceito de defesa da pátria é aplicável à presente guerra imperialista; é preciso dizer que as ações revolucionárias em tempo de guerra são impossíveis sem provocar o perigo da derrota do "seu próprio" governo, e que qualquer derrota do governo em uma guerra reacionária facilita a revolução, que esta é a única forma de alcançar uma paz democrática e duradoura. Finalmente, é fundamental dizer às massas que, sem suas próprias organizações ilegais, criadas por elas próprias, e uma imprensa livre de censura militar, ou seja, uma imprensa ilegal, é impensável um apoio sério à luta revolucionária emergente, ao seu desenvolvimento, à crítica de seus passos individuais, à correção de seus erros, à expansão e ao acirramento sistemáticos da luta.[17]

Nessa proposta do Comitê Central está expressa de maneira clara a atitude dos bolcheviques e de Ilitch em relação às massas: às massas deve-se dizer sempre toda a verdade, até o fim, a verdade sem embelezamento, sem temer que essa verdade os disperse. Os bolcheviques depositaram todas as suas esperanças nas massas, as massas – e somente elas – alcançarão o socialismo.

Em carta a Chliápnikov, em 19 de junho, escrevi:

Grigóri tem grandes esperanças para Kienthal. Claro, posso julgar apenas pelos relatos, mas parece ter havido muita retórica e nenhuma unidade interna, o tipo de unidade que seria uma garantia de solidez nesse caso. Parece que as massas ainda não "empurram", como diz Badaitch[18], exceto talvez, até certo ponto, os alemães.

O estudo da economia do imperialismo, a análise de todas as partes componentes dessa "caixa de transmissão", a abrangência de todo o quadro mundial do imperialismo que caminha para a morte – desse último estágio do capitalismo – deu a Ilitch a possibilidade de colocar uma série de questões políticas de uma maneira nova, de ir muito mais fundo na questão sobre as formas de se levar a luta pelo socialismo em geral, e na Rússia em particular.

---

[17] Idem, "Предложение Центрального Комитета РСДРП Второй социалистической конференции"/ "Predlojiénie Tsentrálnogo Komiteta RSDRP" [Propostas do Comitê Central do POSDR para a Segunda Conferência Socialista], em *Pólnoe sobránie sotchiniéni*, v. 27, cit., p. 290-1.

[18] Referência a Aleksei Badáiev: social-democrata russo, bolchevique, dirigente soviético. Foi deputado da IV Duma, quando votou contra os créditos de guerra em 1914. Foi preso em novembro do mesmo ano, julgado e deportado para a Sibéria, onde permaneceu até a Revolução de Fevereiro.

Ilitch queria muito refletir até o fim, dar às suas ideias tempo para amadurecer, por isso decidimos ir para a montanha, o que era necessário também para mim, já que não havia nada que pudesse acalmar minha tireoide. Para ela, só havia um conselho: as montanhas. Passamos seis semanas no cantão de São Galo, não muito longe de Zurique, nas montanhas selvagens, na casa de repouso Tschudiwiese, muito alto, absolutamente perto dos picos cobertos de neve. Era a casa de repouso mais barata, 2,5 francos a diária por pessoa. É verdade que era a casa de repouso "do leite": de manhã, serviam café com leite, pão com manteiga e queijo, mas sem açúcar; no almoço, sopa de leite, alguma coisa de requeijão e leite de sobremesa; às quatro horas, de novo café com leite, e à noite, outra coisa de leite. Nos primeiros dias, estávamos a ponto de gritar com esse tratamento à base de leite, mas depois o reforçávamos com uma refeição de framboesas e mirtilos, que cresciam em abundância ao redor da casa. Nosso quarto era limpo, com luz elétrica, mas não havia serviços; tínhamos de arrumá-lo nós mesmos e nós mesmos tínhamos de limpar nossas botas. A última função Vladímir Ilitch tomou para si, imitando os suíços, e todas as manhãs ele pegava as minhas botas de montanha e as dele, dirigia-se ao galpão destinado à limpeza das botas, divertia-se com os outros engraxates e tanto se esmerava que uma vez, entre gargalhadas gerais, derrubou uma cesta de vime cheia de garrafas de cerveja vazias. A clientela era democrática. Numa casa de repouso ao preço da diária de 2,5 francos por pessoa, a clientela "honrada" não se hospeda. Em alguns aspectos, essa casa de repouso lembrava o francês Bon-Bon, mas o público era mais simples, mais pobre, com a pátina democrática suíça. À noite, o filho do dono tocava acordeão, e os veranistas dançavam a toda, até as 23 horas ressoava a batida dos passos de dança.

    Tschudiwiese ficava a cerca de oito quilômetros da estação, a única comunicação possível era por burro, o caminho era por meio de trilhas na montanha, todos andavam a pé e eis que, quase todas as manhãs, às 6 horas, o sino começava a tocar, o público se reunia para se despedir dos andarilhos e cantava um tipo de canção de adeus sobre um certo cuco. Todas as estrofes terminavam com as palavras: "Adeus, cuco!". Vladímir Ilitch, um amante da soneca matinal, resmungava e cobria ainda mais a cabeça com o pesado cobertor. O público era arquiapolítico. Nem mesmo a guerra era um tema que surgisse nas conversas. Entre os veranistas havia um soldado. Ele não tinha pulmões particularmente fortes, e por isso seus superiores o enviaram para tratar-se no sanatório do leite às custas do Tesouro do Estado. Na Suíça, as autoridades militares cuidam muito bem dos soldados (a Suíça não tem um exército regular, mas uma milícia). Era um sujeito bastante agradável. Vladímir Ilitch o rodeava, como um gato em torno do queijo, e algumas vezes entabulou com ele a conversa sobre o caráter predatório da guerra, o sujeito não contestou, mas claramente não mordeu a isca. Era visível que ele estava muito mais interessado em seu passatempo em Tschudiwiese do que em questões políticas.

Ninguém foi nos visitar em Tschudiwiese, não havia russos morando ali e vivíamos desconectados de todos os assuntos, vagando pelas montanhas o dia todo. Ilitch em Tschudiwiese não se ocupava em absoluto. Enquanto passeávamos por uma montanha, ele falava muito das questões com as quais estava preocupado, sobre o papel da democracia, sobre os lados positivos e negativos da democracia suíça, falava sempre repetindo os mesmos pensamentos em frases isoladas; pelo visto, eram estas as questões que o preocupavam exclusivamente.

Passamos a segunda metade de julho e todo o mês de agosto nas montanhas. Quando partimos, os que estavam no sanatório nos acompanharam, como a todos, com a canção: "Adeus, cuco". Quando estávamos descendo pela floresta, Vladímir Ilitch de repente avistou alguns cogumelos comestíveis e, embora estivesse chovendo, lançou-se à colheita com o mesmo entusiasmo com que recrutava os zimmerwaldianos de esquerda. Ficamos ensopados até os ossos, mas colhemos um saco cheio de cogumelos. É evidente que perdemos o trem, e tivemos de esperar duas horas na estação pelo próximo.

De volta a Zurique, novamente nos instalamos com os mesmos anfitriões, na rua Spiegelstrasse.

Durante nossa estada em Tschudiwiese, Vladímir Ilitch refletiu de todos os ângulos sobre seu plano de trabalho para o futuro imediato. A primeira coisa mais importante naquele momento era, sobretudo, a afinação teórica, o estabelecimento de uma linha teórica precisa. Houve divergências com Rosa Luxemburgo, Radek, os holandeses, Bukhárin, Piatakov e um pouco com

Kollontai. As divergências mais drásticas eram com Piatakov (P. Kíevski)[19], que em agosto escreveu o artigo "O proletariado e o direito das nações à autodeterminação". Depois de lê-lo ainda em manuscrito, Vladímir Ilitch se pôs imediatamente a rascunhar uma resposta – um panfleto inteiro: "A caricatura do marxismo e o 'economismo imperialista'". O panfleto foi escrito em um tom muito zangado, justamente porque, naquela época, Ilitch já havia expressado uma visão muito clara e definida sobre a inter-relação entre economia e política na luta pelo socialismo. A subestimação da luta política nessa época ele caracterizou como economismo imperialista. "O capitalismo venceu", escreveu Ilitch, "*por isso* não é necessário pensar em questões políticas, discorriam os velhos 'economistas' em 1894-1901, chegando até mesmo à negação da luta política na Rússia. O imperialismo venceu, *por isso* não é necessário pensar nas questões da democracia política, discorrem os atuais 'economistas imperialistas'".[20]

Ignorar o papel da democracia na luta pelo socialismo era inaceitável. "O socialismo é impossível sem democracia em dois sentidos", escreveu Vladímir Ilitch no mesmo panfleto: "1) é impossível para o proletariado consumar a revolução socialista se ele não tiver se preparado para ela por meio da luta pela democracia; 2) é impossível para o socialismo vitorioso manter sua vitória e conduzir a humanidade ao definhamento e morte do Estado sem o exercício da democracia plena."[21]

Essas palavras de Vladímir Ilitch seriam plenamente justificadas muito em breve pela experiência russa. A Revolução de Fevereiro e a última luta pela democracia prepararam Outubro. A incansável expansão dos sovietes, do sistema de sovietes, reorganizaria a própria democracia, aprofundando paulatinamente o conteúdo desse conceito.

Em 1915-1916, Vladímir Ilitch já havia refletido profundamente sobre a questão da democracia, abordando-a do ponto de vista da construção do

---

[19] Um dos pseudônimos de Grigóri Piatakov.
[20] Vladímir Ilitch Lênin, "О карикатуре на марксизм и об 'империалистическом экономизме'"/"O karikature na marksizm i ob 'imperialistítcheskom économizme'" [A caricatura do marxismo e o "economismo imperialista"], em *Pólnoe sobránie sotchiniéni*, v. 30 (5. ed., Moscou, Izdátelstvo Polití- tcheskoi Literatúry, 1973), p. 78.
[21] Ibidem, p. 128.

socialismo. Ainda em novembro de 1915, ao contestar um artigo de Radek (*Parabellum*)[22] publicado no *Berner Tagwacht*[23] em outubro de 1915, Ilitch afirmou:

> Ocorre que o camarada *Parabellum, em nome* da revolução socialista, rejeita com desprezo um programa consistentemente revolucionário no campo da democracia. Isso está errado. O proletariado só pode sair vitorioso pela democracia, ou seja, consumando a democracia plena e conectando cada passo de sua luta às demandas democráticas em sua formulação mais categórica. É absurdo *contrapor* a revolução socialista e a luta revolucionária ao capitalismo com *uma* das questões da democracia, nesse caso, a questão nacional. Devemos *unir* a luta revolucionária contra o capitalismo com um programa e uma tática revolucionários, relativos a *todas* as demandas democráticas: à república, à milícia, aos funcionários eleitos pelo povo, à igualdade de direitos para as mulheres, à autodeterminação das nações etc. Enquanto o capitalismo existir, todas essas demandas serão alcançáveis apenas na forma de uma exceção e, além disso, incompleta, distorcida. Baseando-nos no democratismo já implementado, expondo a sua incompletude sob o capitalismo, demandamos a destruição do capitalismo, a expropriação da burguesia como base necessária tanto para a abolição da pobreza das massas quanto para a realização *plena* e *múltipla* de *todas* as reformas democráticas. Algumas dessas reformas começarão antes que a burguesia seja derrubada, outras *no curso* dessa derrubada, e terceiras depois disso. A revolução socialista não é uma batalha única, mas uma época de toda uma série de batalhas por todas e quaisquer questões de transformações econômicas e democráticas, que só se completam com a expropriação da burguesia. Justamente em nome desse objetivo final, devemos formular *cada* uma de nossas demandas democráticas de uma forma revolucionária consequente. É bem possível que os trabalhadores de um determinado país derrubem a burguesia *antes* de uma reforma democrática fundamental ter sido totalmente realizada. Mas é totalmente inconcebível que o proletariado como classe histórica seja capaz de derrotar a burguesia se não

---

[22] Karl Radek, como ficou mais conhecido Karol Sobelsohn (1885-1939): revolucionário, dirigente do movimento social-democrata e comunista internacional, político soviético, escritor, jornalista, crítico literário e diplomata. Preso em 1936 no âmbito do Segundo Processo de Moscou, sob a acusação de "atividade paralela do centro trotskista", foi morto em 1939. *Parabellum* era um dos pseudônimos utilizados por Radek e provém da expressão latina: "*Se vis pacem, parabellum*" ["Se quer paz, prepare-se para a guerra"].

[23] Em português, "Sentinela de Berna", jornal do Partido Social-Democrata da Suíça, publicado a partir de 1893 em Berna.

estiver preparado para isso por meio da educação no espírito do mais consequente e revolucionariamente decidido democratismo.[24]

Recorro a citações tão longas, porque expressam muito claramente aquilo que Vladímir Ilitch pensou de maneira muito intensa no fim de 1915 e em 1916 e aplicou com todas as letras em suas declarações posteriores. A maioria de seus artigos sobre questões do papel da democracia na luta pelo socialismo foi publicada muito mais tarde; o artigo contra *Parabellum*, em 1927; o panfleto "Caricatura do marxismo", em 1924. São pouco conhecidos, porque foram publicados em coletâneas que não contaram com grandes tiragens; entretanto, sem esses artigos, não se pode compreender ainda todo o ardor demonstrado por Vladímir Ilitch em seus debates sobre o direito das nações à autodeterminação. Esse ardor se torna compreensível quando se toma essa questão em conexão com a avaliação geral de Ilitch do democratismo. Deve-se sempre levar em conta que a questão da autodeterminação era para Ilitch uma pedra de toque por meio da qual se verificava a capacidade de se abordar corretamente as demandas democráticas em geral. Todos os debates nesse sentido com Rosa Luxemburgo, Radek, os holandeses e Kíevski, bem como com outros camaradas, foram conduzidos sob esse ponto de vista. Em um panfleto contra Kíevski, ele escreveu:

> Todas as nações chegarão ao socialismo, isso é inevitável, mas nem todas vão alcançá-lo da mesma forma, cada nação apresentará características próprias nessa ou naquela forma de democracia, nessa ou naquela variedade da ditadura do proletariado, esse ou aquele tempo de transformações socialistas nos distintos aspectos da vida social. Não há nada teoricamente mais mesquinho ou mais ridículo na prática do que, "em nome do materialismo histórico", pintar para si a *esse* respeito um futuro cinza monocromático: isso seria um borrão de Súzdal, e nada mais.[25]

A construção do socialismo não é apenas a construção econômica; a economia é apenas a base da construção do socialismo, o fundamento, a premissa; mas os pregos da construção do socialismo são a reconstrução, de uma

---

[24] Vladímir Ilitch Lênin, "Революционный пролетариат и право наций на самоопределение"/ "Rievolutsióni proletariat i pravo natsii na somoopredeliénie" [Revolução proletária e o direito das nações à autodeterminação], em *Pólnoe sobránie sotchiniéni*, v. 27, cit., p. 62.
[25] Idem, "O karikature na marksizm i ob 'imperialistítcheskom économizme'", cit., p. 123.

nova maneira, de todo o tecido social, a reconstrução fundada no democratismo socialista revolucionário.

Talvez seja isso que mais profundamente tenha separado Lênin e Trótski o tempo todo. Trótski não entendia o espírito democrático, os fundamentos democráticos da construção do socialismo, o processo de reorganização de todo o regime da vida das massas. Também nessa época, em 1916, já existiam em embrião essas mesmas divergências entre Ilitch e Bukhárin. No fim de agosto, Bukhárin escreveu um artigo no *Jugend-lnternationale*[26], na seção Nota Bene, no qual ficava evidente a subestimação do papel do Estado, a subestimação do papel da ditadura do proletariado. Ilitch em nota ao *Jugend-lnternationale* apontou esse erro de Bukhárin. A ditadura do proletariado, garantindo o papel dirigente do proletariado na reconstrução de todo o tecido social: eis o que mais interessava a Vladímir Ilitch na segunda metade de 1916.

As demandas democráticas estão incluídas no programa mínimo; eis que na primeira carta que escreveu a Chliápnikov, no retorno de Tschudiwiese, Ilitch repreende Bazárov por um artigo na *Letopis*[27] em que propunha a abolição do programa mínimo. Com Bukhárin, debate que se estava subvalorizando o papel do Estado, o papel da ditadura do proletariado etc. Com Kíevski, indigna-se porque este não entendia o papel dirigente do proletariado. "Não menospreze", escreveu Ilitch a Chliápnikov, "o canto teórico: de fato, ele é necessário para o trabalho em tempos difíceis assim"[28].

Vladímir Ilitch pôs-se a reler intensamente tudo o que Marx e Engels haviam escrito sobre o Estado, a compor fichamentos. Esse trabalho lhe armou com uma compreensão particularmente profunda do caráter da revolução vindoura, proporcionou-lhe uma preparação séria para a compreensão de fato das tarefas concretas dessa revolução.

---

[26] A União Internacional da Juventude Socialista foi uma organização internacional, fundada em 1907, cujas atividades incluíam publicações, apoio às organizações e aos membros e organização de reuniões.

[27] Em português, "Crônica" ou "Anais", revista mensal de literatura, política e ciência, publicada em São Petersburgo de 1915 a 1917.

[28] Vladímir Ilitch Lênin, "Письмо в А. Г. Шляпникову от 3 октября 1916 г"/"Pismó v A. G. Chliápnikovu ot 3 oktiabriá 1916" [Carta a A .G. Chliápnikov de 3 de outubro de 1916], em *Pólnoe sobránie sotchiniéni*, v. 49 (5. ed., Moscou, Izdátelstvo Polititcheskoi Literatúry, 1970), p. 299.

Em 30 de novembro, houve uma conferência da esquerda suíça referente à guerra. A. Schmidt, de Winterthur, falou da necessidade de tirar proveito do sistema democrático da Suíça para fins antimilitaristas. No dia seguinte, Lênin escreveu uma carta a A. Schmidt na qual sugeria que "se colocasse a pergunta a um referendo [ou seja, para votação geral] da seguinte maneira: pela expropriação de grandes empresas da indústria e da agricultura *como único meio* para a abolição total do militarismo, ou contra a expropriação?".

"Nesse caso devemos, em nossa política prática, dizer a mesma coisa", escreveu Ilitch a Schmidt, "que todos nós admitimos em teoria, a saber, que a abolição completa do militarismo é concebível e praticável apenas em conexão com a abolição do capitalismo."[29] Em uma carta escrita em dezembro de 1916 e publicada somente quinze anos depois, Lênin diz a respeito disso:

> Talvez você pense que sou tão ingênuo a ponto de acreditar que é possível resolver problemas como o da revolução socialista "por meio da persuasão"? Não. Desejo apenas oferecer uma *ilustração*, e ainda apenas uma *parte da questão*: por exemplo, que *mudança* deve ser feita em toda propaganda partidária, se quisermos tomar uma atitude realmente séria em relação à questão de *rejeitar a defesa da pátria*! Essa é *apenas* uma ilustração para *apenas* uma parte da questão – não reivindico mais nada.[30]

Questões referentes à abordagem dialética dos acontecimentos desse período também ocuparam particularmente Ilitch. Ele aproveitou a seguinte frase das críticas de Engels ao esboço do *Programa de Erfurt*:

> Essa política só pode, em última instância, levar o partido a um caminho errado. As questões políticas, abstratas, gerais são colocadas em primeiro plano e, assim, obscurecem as questões concretas e imediatas, que aparecerão automaticamente na ordem do dia – antes do primeiro distúrbio de acontecimentos importantes, na primeira crise política.

---

[29] Idem, "Письмо в А. Шмиду от 1 Декабря 1916 г"/"Pismó v A. Schimidtu ot 1 dekabriá 1916" [Carta a A. Schmidt de 1º de dezembro de 1916], em *Pólnoe sobránie sotchiniéni*, v. 49, cit., p. 335.

[30] Idem, "Несколько принципиальных положений к вопросу о войне"/"Niéskolko printsipialnykh polojiéni k vopróssu o voiné" [Algumas posições de princípio em relação à questão da guerra], em *Ленинский сборник/Lenínínski sbórnik* [Compilação leninista], v. 17 (Moscou-Leningrado [São Petersburgo], Gosizdat, 1931), p. 123.

Depois de copiar essa passagem, Ilitch escreveu em letras grandes, incluindo suas palavras entre parênteses duplos: "((O abstrato em primeiro plano, o concreto obscurecido!!!)). *Nota Bene*! Excelente! Isso é o principal! N. B".

"A dialética de Marx exige uma análise concreta de cada situação histórica particular"[31], escreveu Lênin em sua resenha do panfleto de Junius. Durante esse período, esforçou-se, em particular, para considerar tudo em todas as suas conexões e mediações. E, desse ponto de vista, abordou tanto a questão da democracia quanto a do direito das nações à autodeterminação.

No outono de 1916 e início de 1917, Ilitch mergulhou de cabeça no trabalho teórico. Procurava dispor de todo o tempo que a biblioteca estivesse aberta: pontualmente às 9 horas lá estava ele e lá ficava até as 12 horas, chegava em casa às 12h10 (a biblioteca fechava das 12 horas às 13 horas), depois do almoço ia novamente para a biblioteca e lá permanecia até as 18 horas A casa não era muito confortável para trabalhar. Apesar de o nosso quarto ser iluminado, dava para o quintal, de onde vinha um odor terrível, pois uma fábrica de salsichas ficava ao lado. A janela nós só abríamos tarde da noite. Às quintas-feiras após o almoço, quando a biblioteca fechava, íamos para a montanha, para o Zürichberg. Ao voltar da biblioteca, Ilitch geralmente comprava duas barras de chocolate com nozes em embalagens azuis por 15 centavos e, depois do almoço, pegávamos esse chocolate e alguns livros e partíamos para a montanha. Ali tínhamos nosso lugar favorito, no coração da floresta, onde não havia ninguém por perto, deitado na grama, Ilitch lia compenetrado.

Naquele período, estávamos fazendo uma economia estrita em nossa vida pessoal. Ilitch procurava com empenho emprego em toda parte – sobre isso, escreveu a Granat, a Górki, aos parentes, e uma vez até propôs a Mark Timoféievitch, marido de Anna Ilínitchna, um plano fantástico de publicação de uma "Enciclopédia pedagógica" na qual irei trabalhar[32]. Na época, eu

---

[31] Idem, "О брошюре Юниуса"/"O brochiure Iunussa" [Sobre o panfleto de Junius], em *Pólnoe sobránie sotchiniéni*, v. 30 (5. ed., Moscou, Izdátelstvo Polittícheskoi Literatúry, 1973), p. 13.

[32] Segundo Lênin, na referida carta, o plano era da própria Krúpskaia. Anexado à mensagem na qual ele explica em que consistiria a publicação e fala de sua importância, Lênin envia o projeto elaborado por Krúpskaia. Ver Vladímir Ilitch Lênin, "Письмо в М. Т. Елизарову от 18 или 19 Февраля 1917 г"/"Pismó v M. T. Elizárovu ot 18 íli 19 febraliá 1917" [Carta a M. T. Elizárov de 18 ou 19 de fevereiro

estava muito empenhada no estudo da pedagogia e me familiarizando com a prática das escolas de Zurique. Além disso, Ilitch ficou tão entusiasmado em desenvolver esse plano fantástico que escreveu que era importante que ninguém roubasse essa ideia.

Quanto a um trabalho de escrita remunerado, o negócio caminhava lentamente e, por isso, decidi procurar trabalho em Zurique. Havia em Zurique um escritório de ajuda aos emigrantes, dirigido por Feliks Iákovlievitch. Tornei-me secretária do escritório e comecei a ajudar Feliks em seu trabalho.

É verdade que o salário era semissimbólico, mas era necessário, era preciso ajudar os camaradas na busca por trabalho, na construção de quaisquer empreendimentos e assistência médica. Havia pouco dinheiro em caixa naquela época, e os projetos ultrapassavam a real ajuda fornecida. Lembro-me de que foi proposto um plano para estabelecer um sanatório autofinanciado; os suíços possuem tais estabelecimentos: os pacientes se ocupam algumas horas por dia com paisagismo e jardinagem ou com a confecção de cadeiras de vime ao ar livre, e isso ajuda a reduzir significativamente o custo de manutenção do local. A porcentagem de pacientes com tuberculose entre os emigrados políticos era muito alta.

Assim vivíamos em Zurique, um dia de cada vez e sem chamar a atenção, enquanto a situação se tornava cada vez mais revolucionária. Ao lado do trabalho no campo teórico, Ilitch considerava extremamente importante a elaboração de uma linha tática correta. Considerava que uma ruptura em escala internacional já estava madura, que era preciso romper com a Segunda Internacional, com o Bureau Socialista Internacional, que era preciso romper para sempre com Kautsky e cia., começar a construir uma Terceira Internacional com a força da esquerda de Zimmerwald. Na Rússia, era preciso romper sem demora com Tchkheidze e Skóbelev e os OKs[33], com aqueles que, como Trótski, não entendiam que agora era inadmissível qualquer conciliação e unidade. Era fundamental travar uma luta revolucionária

de 1917], em *Pólnoe sobránie sotchiniéni*, v. 55 (5. ed., Moscou, Izdátelstvo Politítcheskoi Literatúry, 1975), p. 369-70.

[33] OKs, ou *okistas*, refere-se aos partidários do Comitê de Organização (em russo: Организационного Комитета/Organizatsiónnogo Komiteta), eleito pelo assim chamado Bloco de Agosto.

pelo socialismo e expor sem clemência os oportunistas, cujas palavras não coincidiam com suas ações, e que, na realidade, serviam à burguesia e traíam a causa do proletariado. Nunca antes Vladímir Ilitch pareceu estar com uma disposição tão irreconciliável como durante os últimos meses de 1916 e os primeiros meses de 1917. Ele estava profundamente convencido de que uma revolução estava a caminho.

ÍNDICE ONOMÁSTICO

Agahd, Ernst: economista alemão. Trabalhou por quinze anos no Banco Russo-Chinês. p. 73, 75, 81, 137.

Beer, Max (1864-1943): historiador alemão do socialismo; a partir de 1901, foi correspondente do jornal *Vorwärts* em Londres. p. 103.

Bérard, Victor (1864-1931): economista, publicista e filólogo francês. p. 137.

Bukhárin, Nikolai Ivánovitch (1888-1938): publicista e economista russo, membro do POSDR. Ocupou uma posição de destaque no partido, mas pronunciou-se repetidamente contra a política leninista, pelo que, em 1937, foi expulso do partido. p. 7, 13, 15, 65, 164, 171, 175.

Calwer, Richard (1868-1927): destacado economista alemão, representante do reformismo e do revisionismo na social-democracia alemã. p. 120.

Chamberlain, Joseph (1836-1914): estadista inglês; ministro das colônias da Grã-Bretanha entre 1895 e 1903. Foi inicialmente liberal e depois conservador. Um dos ideólogos da expansão colonial inglesa. p. 103-4.

Cunow, Heinrich Wilhelm Karl (1862-1936): social-democrata de direita alemão, historiador, sociólogo e etnógrafo. Inicialmente próximo dos marxistas, depois tornou-se revisionista e falsificador do marxismo. Teórico do social-imperialismo. p. 118.

Driault, Edouard (1864-1947): historiador francês. p. 111-2.

Eschwege, Wilhelm Ludwig von (1777-1855): economista alemão. Colaborador da revista *Die Bank*, na qual publicou artigos sobre questões do capital financeiro. p. 47, 73, 78-80, 137.

Heymann, Hans Gideon (1883-1918): economista alemão. p. 37-8, 42, 70-1.

Hildebrand, Gerhard (1877-?): economista e publicista alemão, social-democrata. Em 1912, foi expulso do Partido Social-Democrata da Alemanha por oportunismo. p. 130.

Hilferding, Rudolf (1877-1941): um dos dirigentes oportunistas da social-democracia austríaca e alemã e da Segunda Internacional, redator do *Vorwärts*. Durante a Primeira Guerra, foi centrista; depois, foi apologista do capitalismo monopolista de Estado. p. 7, 11, 15, 30, 33-4, 37, 67, 69, 75, 78, 86, 110, 125, 138-9, 147.

Hill, David Jayne (1850-1932): historiador e diplomata americano, autor da obra em três tomos *A History of Diplomacy in the International Development of Europe*. p. 146.

Hobson, John Atkinson (1858-1940): economista e cientista social inglês, reformista, pacifista. Sua obra *Imperialismo* teve grande repercussão no século XX. p. 7, 23, 30, 33, 86, 103, 117, 125-6, 128-30, 132, 135, 137, 143-4.

Hübner, Otto (1818-1877): organizador e editor do anuário estatístico-geográfico *Geographisch-statistische Tabellen aller Länder der Erde*. p. 105.

Huysmans, Camile (1871-1968): um dos mais antigos ativistas do movimento operário belga. Foi secretário do Bureau Socialista Internacional da Segunda Internacional, tendo uma posição centrista. p. 152.

Jeidels, Otto (1882-1947): economista e banqueiro alemão. p. 48-9, 62-8, 91, 94.

Kautsky, Karl (1854-1938): um dos dirigentes e teóricos da social-democracia alemã e da Segunda Internacional. Inicialmente marxista, aproximou-se do revisionismo. p. 11-6, 19-20, 24, 29-30, 33, 46, 67, 98-9, 115-9, 121, 133, 137-40, 142-5, 147-8, 152, 178.

Kestner, Fritz: economista alemão. p. 42, 45-6.

Lansburgh, Alfred (1872-1940): economista alemão, entre 1908 e 1935 foi editor da revista *Die Bank*. p. 51, 53, 57, 80, 128, 137, 140-2.

Levy, Hermann (1881-1949): economista alemão. Autor de uma série de trabalhos sobre questões do capital financeiro. p. 38-9.

Liefmann, Robert (1874-1941): economista alemão, professor. Autor de vários trabalhos sobre questões econômicas e sociais. p. 41-2, 48, 52-3, 67, 70-1, 78, 98.

Luxemburgo, Rosa (1871-1919): ativista do movimento operário alemão, polonês e internacional, fundadora da Liga Spartakus e do Partido Comunista da Alemanha. p. 7, 11, 17, 30, 171, 174.

Lysis (1869-1927), pseudônimo de *Eugène Letailleur*: jornalista francês, autor de vários trabalhos sobre questões financeiras e políticas. p. 76-7.

Mártov, Julius (1873-1923), pseudônimo de *Yuli Osipovich Tsederbaum*: político russo, revolucionário menchevique, fundador do *Iskra*. Participou da Revolução, mas se opôs aos bolcheviques. p. 11, 134, 152.

ÍNDICE ONOMÁSTICO   183

Morris, Henry C. (1868-?): jurista e historiador americano. p. 102.

Neymarck, Alfred (1848-1921): economista e estatístico francês. p. 82, 86, 138.

Rhodes, Cecil John (1853-1902): estadista e político reacionário inglês, praticou a política colonial inglesa e pregou a expansão imperialista. p. 103-4, 110.

Riesser, Jacob (1853-1932): economista e banqueiro alemão. Autor de vários trabalhos, nos quais fez apologia ao imperialismo e ao capital financeiro. p. 41, 44, 53-5, 60, 63, 70, 86, 90, 94, 97, 146, 151-2.

Schilder, Sigmund (1872-1932): economista alemão, foi secretário do museu do comércio. Autor de vários trabalhos sobre economia mundial. p. 86, 89, 108, 110-1, 127, 146.

Schulze-Gaevernitz, Gerhard von (1864-1943): economista alemão. Procurou fundamentar a paz ou "harmonia" na sociedade capitalista visando melhorar a situação de todas as classes: capitalistas, operários e camponeses. p. 52, 54, 60-2, 67, 70-1, 110, 127, 130, 132, 153-4.

Spectator (1880-1938), pseudônimo de *Miron Issaákovitch Nakhimson*: economista e publicista russo. Durante a Primeira Guerra, foi centrista. Autor de vários trabalhos sobre questões de economia mundial. p. 138, 140, 142.

Supan, Alexander (1847-1920): geógrafo alemão, professor das universidades de Gotsk e Breslau. p. 101, 104-5.

Tschierschky, Siegfried (1872-1937): economista burguês alemão, desenvolveu trabalho prático nos trustes e consórcios. p. 42, 57.

Vogelstein, Theodor (1880-1957): economista alemão, autor de vários trabalhos sobre as grandes empresas capitalistas. p. 41, 43, 98.

Waltershausen, Sartorius von (1852-1938): economista alemão, professor da Universidade de Estrasburgo entre 1888 e 1918. Autor de obras sobre questões de economia e política mundiais. p. 110, 127.

CRONOLOGIA

Ano	Vladímir Ilitch Lênin	Acontecimentos históricos
1870	Nasce, no dia 22 de abril, na cidade de Simbirsk (atual Uliánovsk).	
1871		Em março, é instaurada a Comuna de Paris, brutalmente reprimida em maio.
1872		Primeira edição de *O capital* em russo, com tradução de Mikhail Bakúnin e Nikolai F. Danielson.
1873		Serguei Netcháiev é condenado a vinte anos de trabalho forçado na Sibéria.
1874	Nasce o irmão Dmítri Ilitch Uliánov, em 16 de agosto.	Principal campanha *naródniki* (populista) de "ida ao povo".
1876		Fundação da organização *naródniki* Terra e Liberdade, da qual adviriam diversos marxistas, como Plekhánov.
1877		Marx envia carta ao periódico russo Отечественные Записки/ *Otetchestvênie Zapiski*, em resposta a um artigo publicado por Nikolai Mikhailóvski sobre *O capital*.
1878	Nasce a irmã Maria Ilinítchna Uliánova, em 18 de fevereiro.	Primeira onda de greves operárias em São Petersburgo, que duram até o ano seguinte.
1879		Racha de Terra e Liberdade: a maioria funda A Vontade do Povo, a favor da luta armada. A minoria organiza A Partilha Negra. Nascem Trótski e Stálin.

Ano	Vladímir Ilitch Lênin	Acontecimentos históricos
1881		Assassinato do tsar Aleksandr II no dia 13 de março. Assume Aleksandr III. Marx se corresponde com a revolucionária russa Vera Zássulitch.
1882		Morre Netcháiev. Marx e Engels escrevem prefácio à edição russa do *Manifesto Comunista*.
1883		Fundação da primeira organização marxista russa, Emancipação do Trabalho.
1886	Morre o pai, Ilia Uliánov. Lênin conclui as provas finais do ensino secundário como melhor aluno.	
1887	Aleksandr Uliánov, seu irmão mais velho, é enforcado em São Petersburgo por planejar o assassinato do tsar. Em agosto, Lênin ingressa na Universidade de Kazan. Em dezembro, é preso após se envolver em protestos e expulso da universidade.	
1888	Lê textos de revolucionários russos e começa a estudar direito por conta própria. Inicia primeira leitura minuciosa de *O capital*. Reside em Kazan e Samara.	
1889	Conhece A. P. Skliarenko e participa de seu círculo, a partir do qual entra em contato com o pai de Netcháiev.	Fundada em Paris a Segunda Internacional.
1890	Primeira viagem a São Petersburgo, a fim de prestar exames para a Faculdade de Direito.	
1891	Recebe diploma de primeira classe na Faculdade de Direito da Universidade de São Petersburgo. Participa de "iniciativa civil" contra a fome, em denúncia à hipocrisia das campanhas oficiais.	
1892	Autorizado a trabalhar sob vigilância policial, exerce a advocacia até agosto do ano seguinte no tribunal em Samara.	

CRONOLOGIA

Ano	Vladímir Ilitch Lênin	Acontecimentos históricos
1893	Participa de círculos marxistas ilegais, atacando o narodismo, e leciona sobre as obras de Marx. Muda-se para São Petersburgo, onde integra círculo marxista com Krássin, Rádtchenko, Krjijanóvski, Stárkov, Zapórojets, Váneiev e Sílvin.	
1894	Publica *Quem são os "amigos do povo" e como lutam contra os sociais-democratas?*. Conhece Nadiejda K. Krúpskaia. Encontra os "marxistas legais" Piotr Struve e M. I. Túgan-Baranóvski no salão de Klásson.	Morte de Aleksandr III. Coroado Nicolau II, o último tsar.
1895	Viaja a Suíça, Alemanha e França, entre maio e setembro. Conhece sociais-democratas russos exilados, como Plekhánov e o grupo Emancipação do Trabalho. De volta à Rússia, é preso em 8 de dezembro, em razão de seu trabalho com a União de Luta pela Emancipação da Classe Operária, e condenado a catorze meses de confinamento, seguidos de três anos de exílio.	
1896	Prisão solitária.	Nadiejda K. Krúpskaia é presa.
1897	Exílio em Chuchenskoie, na Sibéria.	
1898	Casamento com Krúpskaia no dia 22 de julho, durante exílio. Em Genebra, o grupo Emancipação do Trabalho publica "As tarefas dos sociais-democratas russos", escrito por Lênin no fim de 1897.	Congresso de fundação do Partido Operário Social-Democrata da Rússia (POSDR), em Minsk, de 13 a 15 de março.
1899	Publicação de seu primeiro livro, *O desenvolvimento do capitalismo na Rússia*, em abril, durante exílio.	
1900	Com o fim do exílio na Sibéria, instala-se em Pskov. Transfere-se para Munique em setembro.	Publicada a primeira edição do jornal Искра/*Iskra*, redigido no exterior e distribuído clandestinamente na Rússia.
1901	Começa a usar sistematicamente o pseudônimo "Lênin".	
1902	Publica *O que fazer?* em março. Rompe com Struve.	Lançado o Освобождение/ *Osvobojdenie*, periódico liberal encabeçado por Struve.

Ano	Vladímir Ilitch Lênin	Acontecimentos históricos
1903	Instala-se em Londres em abril, após breve residência em Genebra. Publicação de "Aos pobres do campo". Lênin se dissocia do *Iskra*.	II Congresso do POSDR, em Bruxelas e depois em Londres, de 30 de julho a 23 de agosto, no qual se dá a cisão entre bolcheviques e mencheviques.
1904	Abandona Comitê Central do partido. Publicação de *Um passo em frente, dois passos atrás* e do primeiro número do jornal bolchevique Вперёд/*Vperiod*, em Genebra.	Início da Guerra Russo-Japonesa; a Rússia seria derrotada no ano seguinte. Mártov publica "O embate do 'estado de sítio' no POSDR".
1905	Escreve *Duas táticas da social-democracia na revolução democrática* em junho-julho. Chega em São Petersburgo em novembro. Orienta publicação do primeiro jornal diário legal dos bolcheviques, o Новая Жизнь/*Nóvaia Jizn* publicado entre outubro e dezembro.	Em 22 de janeiro, Domingo Sangrento em São Petersburgo marca início da primeira Revolução Russa. III Congresso do POSDR, de 25 de abril a 10 de maio, ocorre sem a presença dos mencheviques. Motim no encouraçado *Potemkin* em 14 de junho. Surgem os sovietes. Manifesto de Outubro do tsar.
1906	Em maio, faz seu primeiro discurso em comício, em frente ao palácio da condessa Panina.	V Congresso do POSDR em Londres, de 13 de abril a 1º de junho. Convocação da Primeira Duma.
1907		Publicação da obra *Resultados e perspectivas*, na qual Trótski, a partir do balanço da Revolução de 1905, apresenta uma primeira versão da teoria da revolução permanente. Segunda Duma (fevereiro). Nova lei eleitoral (junho). Terceira Duma (novembro).
1908	Escreve *Materialismo e empiriocriticismo*, publicado no ano seguinte. Em dezembro, deixa Genebra e parte para Paris.	
1909	Conhece Inessa Armand na primavera, com quem manteria uma relação próxima.	
1910	Encontra Máksim Górki na Itália. Participa do Congresso de Copenhague da II Internacional. Funda Рабочая Молва/*Rabótchaia Molva* em novembro e inicia série de artigos sobre Tolstói.	Congresso de Copenhague.

Ano	Vladímir Ilitch Lênin	Acontecimentos históricos
1911	Organiza escola do partido em Longjumeau, perto de Paris.	Assassinato do ministro tsarista Piotr Stolípin, em 18 de setembro.
1912	Instala-se em Cracóvia em junho. Eleito para o Bureau Socialista Internacional. Lança o Правда/*Pravda* em maio, após organização do Comitê Central dos bolcheviques, em Praga, no mês de janeiro.	VI Congresso do Partido em Praga, essencialmente bolchevique. Após anos de repressão, os operários russos retomam as greves. Bolcheviques e mencheviques deixam de pertencer ao mesmo partido. Quarta Duma.
1913	Muda-se para Poronin em maio. Escreve longos comentários ao livro *A acumulação do capital*, de Rosa Luxemburgo. Entre junho e agosto, viaja à Suécia e à Áustria.	
1914	Preso por doze dias no Império Austro-Húngaro após eclosão da Primeira Guerra. Ele e Krúpskaia partem para Berna. Lê e faz anotações sobre a *Ciência da lógica* de Hegel, depois conhecidas como *Cadernos filosóficos*.	Início da Primeira Guerra Mundial. O apoio dos sociais-democratas alemães aos créditos de guerra gera uma cisão no socialismo internacional. Greves gerais em Baku. São Petersburgo é renomeada como Petrogrado.
1915	Participa da Reunião Socialista Internacional em Zimmerwald.	Movimentos grevistas na Rússia ocidental. Reunião socialista internacional em Zimmerwald, na Suíça, em setembro, com lideranças antimilitaristas.
1916	Escreve *Imperialismo, estágio superior do capitalismo*. Comparece à II Conferência de Zimmerwald, em Kienthal (6 a 12 de maio). Morte de sua mãe, Maria Aleksándrovna Uliánova.	Dissolução da Segunda Internacional, após o acirramento do embate entre antimilitaristas e sociais-chauvinistas.
1917	Desembarca na Estação Finlândia, em São Petersburgo, em 16 de abril, e se junta à liderança bolchevique. No dia seguinte, profere as "Teses de abril". Entre agosto e setembro, escreve *O Estado e a revolução*.	Protesto das mulheres no 8 de março deflagra Revolução de Fevereiro, a qual põe abaixo o tsarismo. O Partido Bolchevique passa a denominar-se Partido Comunista. A Revolução de Outubro inicia a implantação do socialismo.

Ano	Vladímir Ilitch Lênin	Acontecimentos históricos
1918	Dissolve a Assembleia Constituinte em janeiro. Publicação de *O Estado e a revolução*. Em 30 de agosto, é ferido em tentativa de assassinato por Dora (Fanni) Kaplan. Institui o "comunismo de guerra".	Assinado o Tratado de Brest-Litovsk em março. Fim da Primeira Guerra Mundial em novembro. Início da guerra civil na Rússia. Trótski organiza o Exército Vermelho, com mais de 4 milhões de combatentes, para enfrentar a reação interna e a invasão por tropas de catorze países.
1919	Abre o I Congresso da Comintern.	Fundação da Internacional Comunista (Comintern). Início da Guerra Polonesa-Soviética.
1920	Escreve *Esquerdismo, doença infantil do comunismo*.	II Congresso da Internacional Comunista, de 21 de julho a 6 de agosto. Morre Inessa Armand. Fim da Guerra Polonesa-Soviética.
1921	Em 21 de março, assina decreto introduzindo a Nova Política Econômica (NEP).	X Congresso do Partido, de 1º a 18 de março. Marinheiros se revoltam em Kronstadt e são reprimidos pelo governo bolchevique.
1922	No dia 25 de dezembro, dita seu testamento após sofrer dois acidentes vasculares.	Tratado de Criação da União Soviética e Declaração de Criação da URSS. Stálin é apontado secretário-geral do Partido Comunista.
1923	Após um terceiro acidente vascular, fica com restrições de locomoção e fala e sofre de dores intensas.	XII Congresso do Partido, entre 17 e 25 de abril, o primeiro sem a presença de Lênin. Fim dos conflitos da Guerra Civil.
1924	Morre no dia 21 de janeiro. No mesmo ano é publicado *Lênin: um estudo sobre a unidade de seu pensamento*, de György Lukács.	XIII Congresso do Partido, em janeiro, condena Trótski, que deixa Moscou.

Lênin em meio a delegados da X Conferência Pan-Russa do Partido Comunista da Rússia (Bolchevique), em Moscou, 26 de maio de 1921.

Publicado em 2021, cem anos após Lênin instaurar na Rússia a Nova Política Econômica (NEP), concebida como "recuo tático temporário" para o avanço do socialismo, este livro foi composto em Minion Pro, corpo 11/14,9, e reimpresso em papel Pólen Natural 80 g/m² pela Lis Gráfica, para a Boitempo, em janeiro de 2025, com tiragem de 2.500 exemplares.

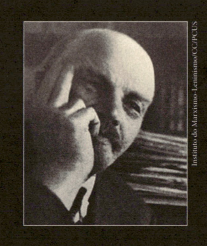
Instituto do Marxismo-Leninismo/CC/PCUS